贵州省出版发展专项资金资助

贵州世居民族文化书系

宋健 主编

火影石灵

HUOYING SHILING

孟学华 著

贵州出版集团
贵州民族出版社

图书在版编目（CIP）数据

火影石灵：毛南族 / 孟学华著． -- 贵阳：贵州民
族出版社，2014.6（2020.7 重印）
　　（贵州世居民族文化书系 / 宋健主编）
　　ISBN 978-7-5412-2078-4

　　Ⅰ．①火… Ⅱ．①孟… Ⅲ．①毛南族－民族文化－贵
州省 Ⅳ．① K287.6

中国版本图书馆 CIP 数据核字（2014）第 066227 号

贵州世居民族文化书系
火影石灵·毛南族
宋　健　主编　孟学华　著

出版发行　贵州民族出版社
社址邮编　贵阳市观山湖区会展东路贵州出版集团大楼　　550081
印　　刷　山东龙岳文化传媒有限公司
开　　本　787mm×1092mm　　1/16
字　　数　240 千字
印　　张　15
版　　次　2014 年 6 月第 1 版
印　　次　2020 年 7 月第 2 次
书　　号　ISBN 978-7-5412-2078-4
定　　价　47.00 元

贵州毛南族分布示意图

散居

多彩高原的民族共存

——《贵州世居民族文化书系》总序

　　多彩的贵州，神奇的高原。对于初次来到祖国大西南贵州省的人来说，触动心灵的不仅是苍山如海、溪河清澈、森林碧绿、峡谷幽深，更有那不同民族同胞悠扬的山歌和异彩的服饰。在这个有17.6 万平方公里面积和 600 年建省历史的省份，数不尽的青山翠谷中生活着 18 个世居民族，他们从哪里来？世世代代如何与周围环境共处？以怎样的生活方式和民族风情为世界增光添彩？让读者朋友在轻松的阅读中了解这一切，就是我们出版这套《贵州世居民族文化书系》的目的。

　　贵州是一个多民族的省份，少数民族人口约占全省总人口的38%，全国 56 个民族成分贵州都有分布，而称得上"世居民族"的则有汉族、苗族、布依族、侗族、土家族、彝族、仡佬族、水族、回族、白族、瑶族、壮族、畲族、毛南族、仫佬族、满族、蒙古族、羌族等 18 个兄弟民族。从历史和民族源流看，除来自北方的回族、蒙古族、满族外，汉族属古代的华夏族系，其他各族分属古代的氐羌、苗瑶、百越、百濮四大族系。从地理位置看，贵州位于云贵高原东部，处于四川盆地和广西、湖南丘陵之间，是由高原向平原和丘陵过渡的地带。这种特殊的地理位置，使贵州历史上成为南方四大族系的交汇之地，成为民族迁徙的大走廊。在漫长的历史长河中，不同民族的融合，不同文化的相互影响，以及战争带来的多次大规模移民的进入，形成今天贵州多民族共存共荣的社会。

民族文化，指各民族在历史发展中创造的带有民族特点的文化，包含物质和精神两个方面。存在决定意识，由于贵州地处生态环境较为脆弱的喀斯特地貌带，各族群众敬畏自然，珍惜上天赋予的生活资源，注重生产方式与自然生态的和谐平衡，有着享誉世界的农业文化遗产"稻鱼鸭系统"，与草木"认干亲"的林业等生产方式和生活形态，无不彰显人与自然的和谐共处。

贵州历史上"连峰际天兮飞鸟不通"（王阳明《瘗旅文》）的交通困局，形成了十里不同风，百里不同俗的"文化千岛"，民族风情古朴浓郁，多姿多彩，如苗族的姊妹节、芦笙舞，布依族的八音坐唱，侗族的行歌坐月、侗族大歌，彝族的火把节，土家族的摆手舞等。而600多年前明王朝对贵州的大规模开发，江南的百万汉族移民以屯军、屯民的方式来到贵州，形成数百年的屯堡文化，至今成为明代文化遗存的奇迹。可以说，正是青山绿水与多民族的和谐共存构成了今天多彩的贵州。

我们这套书以大专家写小丛书为特点，以轻松阅读获取知识为目标，以直观图像结合想象力发挥为手段，采取宏观叙述与田野案例穿插叙事的方法，力图写成民族历史文化的故事书，内容虽然通俗易懂，生动有趣，但都是以坚实的学术研究为基础的，能够让读者在愉快的阅读和浏览中获取正确的知识。

"黔山秀水，神秘夜郎；多彩民族，千岛文化。"这是书系力图展示的贵州形象。愿书系成为我们大家了解贵州、欣赏贵州、热爱贵州的一个窗口。

《贵州世居民族文化书系》编委会

目 录

Contents

引言

　　贵州毛南族的根在哪里？翻寻典籍，溯源寻根，很难得出一个标准的答案。有关贵州毛南族的文字记载，散见于元明时期的相关文献，目前对贵州毛南族的基本情况、族源族称、语言文化、经济发展、婚姻家庭、丧葬习俗、宗教信仰、节日禁忌、民间体育、服饰工艺、社会组织和传统道德风貌等方面的了解都是在1990年认定为毛南族之后调查研究的成果，对毛南族自身文化特色还缺乏深入的挖掘和提炼，对外界的展示也不充分，这是贵州毛南族同胞感到最难以解决的问题。

　　为了本书，我再次走村串寨，不懈探寻。走在贵州毛南族居住的喀斯特土地上，探访打猴鼓舞、收集民间故事、考察民族工艺、了解民族风情；到寨子里走访寨老，听毛南族老人"摆古"，品尝毛南族的传统美食；全程摄录毛南族"塘漂"（鬼师）为亡灵超度、"赶场"杀牛、堂祭、讲经等民俗事象。对毛南族的饮食、建筑、服饰、节庆、婚庆、丧葬、信仰、禁忌、经济、教育等方面进行考察调研。在这个过程中，我接触了许多毛南族老人，从他们身上我感受到了一个民族执着的文化追求，他们对传承发展本民族文化的强烈意识深深地感染了我，使我对贵州毛南族的历史文化和风情文化的崇敬感和兴趣油然而生。

　　巍峨的高山，低回的河谷，承载着贵州毛南族上千年的文明史。在浩瀚的历史长河中，贵州毛南族以其独特的文化资源，成就了贵州民族文化的多样性和独特性，历千载而不衰，从容发展和繁衍，生生不息。从有文字记载的近600年历史来看，贵州毛南族经历了曲折的发展道路，不断迁徙，盛盛衰衰，与周围各民族不断交融而发展壮大，从一个古代的民族，发展成为开放的、不断融入和接纳不同民族文化元素的中华民族大家庭中的成员。在历史的见证下，贵州毛南族生活的喀斯特土地，也在不断的变迁中，逐步融入多民族的生活格局，成为民族团结互助、合作、共同发展的新沃土。从偏居一隅到走向开放、大发展、大繁荣，贵州毛南族不论是过去的艰苦历程还是今天的日新月异，都在贵州民族的发展史上留下了深刻的印记，为世人所关注。

感受毛南族的发展史，追溯毛南族的文化渊源，肩上似乎也扛着一份沉甸甸的责任。在各民族不断交往和不断发展中，贵州毛南族文化是在坚守中发展还是在变通中发展？已成为我们今天不得不认真思考的问题。所以在写下这些文字的时候，我更多的是把抢救和保护放在了此次著文的首位，这样，难免就显出了部分文字的拖沓和史料的堆砌。我是这样认为的，为一个民族著书立说，要让人了解这个民族的文化历史，就要尊崇这个民族的古老文化，这是关注一个民族的发展史，避免这个民族的文化走向衰落的最好办法。

贵州毛南族是中华民族大家庭的一员。毛南山乡虽然经济文化欠发达，但在党和国家民族扶贫开发政策的支持下，贵州毛南族已经走上和谐发展的富强之路。写下这些文字的目的，就是为了向外界宣传贵州毛南族的民族文化，让更多的人了解贵州毛南族，为贵州多元的民族文化增添浓重的一笔。

石碑榔规 写传奇

SHIBEILANGGUI

XIE CHUANQI

● 前世今生叙"佯僙" ●

　　贵州毛南族，主要生活在黔南的平塘、惠水、独山县，人口仅3万多人。历史上有"杨黄"、"佯黄"、"佯僙"、"羊偟"、"羊慌"等称谓，曾经划归布依族。但他们自称"哎绕"、"印绕"（即本地人，这个地方的人）等，始终坚称自己是独立的民族，一直派代表向各级政府申诉自己的民族意愿，并积极配合开展民族识别认定的相关工作，1990年7月27日，以国家民族政策为指导，在尊重民族意愿的前提下，贵州省人民政府下文批复，认定平塘县、惠水县、独山县的31904名"佯僙人"为毛南族。从此，"佯僙人"正式称为毛南族。

　　探寻史迹，追溯"佯僙人"的前世今生，循着祖先的足印，一路走来，从"佯僙人"到毛南

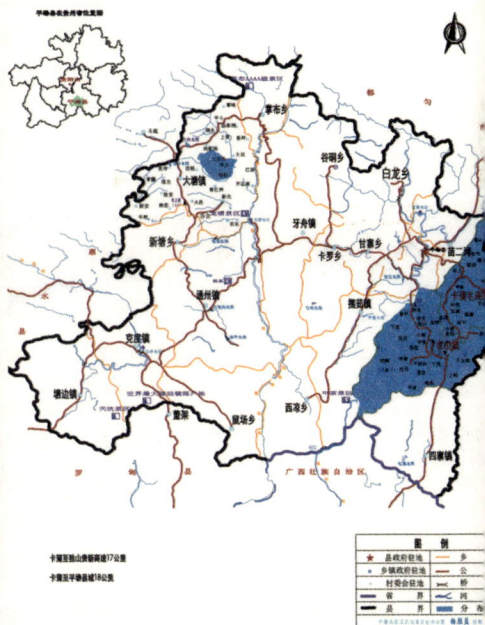

贵州省平塘县毛南族分布图

《元史》书影

族，筚路蓝缕，血脉相承，至今仅有3万多人的贵州毛南族走过了一条怎样艰难的发展之路，不仅是毛南族人极力追问的永久话题，更是众多研究者努力探寻的历史之谜。翻检史书，发现在汉文典籍中，对"佯僙人"的记载最早见于元朝的《招捕总录》和《元史》中，但仅寥寥数语。后来在许多典籍中都有关于"佯僙人"的记载，据学者研究，主要记述和反映"佯僙人"的古代典籍有明弘治十三年（1500年）的《贵州图经新志》、嘉靖三十四年（1555年）的《贵州通志》和万历二十五年（1597年）重修的《贵州通志》，明代郭子章的《黔记》、清代田汝成的《炎徼纪闻》都是分别抄录弘治《贵州图经新志》和嘉靖《贵州通志》的内容而成。

根据这些史料和毛南族人的民间口头传说，贵州毛南族属于贵州世居民族，经历了长期的发展演变过程，在频繁的迁徙过程中与一些兄弟民族相互交融，形成了自己独特的民族文化。浓郁的民族风情，神奇的民族风俗，较少的人口使贵州毛南族越来越引起人们的关注。贵州毛南族每年除夕夜欢度"火把节"，全村出动，举着火把游山，与邻近村寨相互"对骂"以求吉祥；在丧葬仪式上不仅"赶场"椎牛，"请魂"恭送亡灵，还会跳起古朴而深沉的"打猴鼓舞"；在日常生活中有嗜吃狗肉，以狗肉招待上宾、狗肉敬外家的习俗；婚姻关系上有奇特的嫁男传统，鼓励"招郎入赘"；民族节日也尤为独特，有毛南族特有的"母亲节"、女儿节、桥节等。毛南族人对自己民族文化的执着和坚守，保存了独特的文化火种，在贵州这片美丽的土地上不断繁衍生息，一枝独秀。

毛南族艰难发展，靠智慧求生存的历程，在口口相传的民间故事中有所反映。岁末年关，到毛南族山寨做客的人，随便走到哪一家，好客的村民都会热情地把他带到火塘边，品尝醇香的米酒。酒过三巡，老人们就开始摆古。

在卡蒲毛南族乡政府所在地场河村流传着一个毛南族人古称"佯僙"的故事。相传在很久很久以前，毛南族人口稀少，居住分散，毛南族祖先居住的地盘方位很好，土地肥沃，是最适合聚族而居的风水宝地，因此被外族人看中。双方为了争夺这片土地，经常发生纠纷，甚至械斗。为了彻底解决争夺土地的问题，双方约定举行和事谈判，谈判地点定在隔河相对的两个山头之间。

为了赢得谈判，保住毛南族人世代居住的宝地，毛南族先民事先在自己占领的山头地下挖一个大洞坑，将很多羊藏在坑里，洞坑上铺盖木板进行伪装。谈判时毛南族的代表站在坑上，与对方理论，装作很生气的样子，用力在坑上跳、蹬脚，惊得坑里的羊"咩咩"直叫，然后对对方说："这个地方本来就是我们的，你们无故来争夺，连地脉龙神都不答应！你们听，只要我们一蹬脚，地脉龙神就叫起来了；如果你们蹬脚，地脉龙神也叫起来的话，就说明你们有道理，有理由在这个地方居住，否则，不准你们在这里住。"对方不知底细，被"咩咩"的羊叫声吓跑了。毛南族先民争得这

毛南族人口

毛南族总人口数为101192（2010年）。主要聚居在广西环江县的上南、中南、下南山区等地，在贵州平塘县、独山县交界的卡蒲、六硐河谷地带约有3.2万人，其余散居在环江县内的水源、木论、川山、洛阳、思恩等乡镇，以及周围的河池、南丹、宜山、都安和贵州的惠水等县（市）。

毛南族语言

毛南族有自己的语言。毛南语属汉藏语系壮侗语族侗水语支。毛南族人民由于长期和壮族、汉族、布依族人民相互交往，许多人都能操壮语、汉语或布依语，并通用汉文，用汉字记载本民族的民歌、民间传说、历史故事等。为弥补本民族无文字的缺憾，在历史上，毛南族人还模仿汉文形声字的结构方式，假借汉字的音、义来拼写毛南语，构成"土俗字"，用以记载本民族的史诗、民歌和宗教经书等。

玉水金盆——贵州毛南族主要聚居地平塘县城

1991 年 10 月 16 日，卡蒲毛南族乡建立，图为庆祝大会会场

卡蒲：中国毛南族第一乡

　　卡蒲，地处平塘县东面，距县城 18 千米，北与都匀市沙寨乡接壤，东与独山县羊凤乡毗邻。全乡面积 108 平方千米，人口 13035 人，其中毛南族人口 12761 人，占总人口的 97.9%。

　　当地人民热情好客，民风淳朴。此地山清水美，民俗风情魅力无穷，民族文化丰富多彩。其中列入国家非物质文化遗产的打猴鼓舞具有"活化石"的美称，火把节、迎春节、舞火龙、女儿节、毛南族山歌、迎宾拦门歌、粑棒舞、斗"地牯牛"、刺绣、建筑、雕刻等民风民俗、民族歌舞、民族工艺远近闻名。1999 年被黔南布依族苗族自治州文化局授予"猴鼓舞"艺术之乡。

块地盘，也因此得"羊慌"之名，就自称为"羊慌人"，后写作"佯僙人"。

　　类似的故事，在者密镇的六硐村也有流传。六硐坝子是毛南族的聚居地，石、刘两姓毛南族人是六硐坝子的主要人口。六硐坝子南北长约 3.5 千米，东西宽约 1 千米，六硐河从坝子中间蜿蜒而过，世世代代滋养着这里的毛南族人。曾有人考证后认为，这里是毛南族人的祖居地，但仅限于猜测，没有更加有力的证据。在这里，也有一个关于"羊坡"的故事：有外族人来争地，人们在羊坡这个地方谈判，毛南族人事先在羊坡坡脚的窑洞里藏了许多山羊，在谈判过程中，毛南族人以事先约定的信号通知山脚，让山下的人把山羊弄得慌乱而叫唤，从而证明这块土地是毛南族人的，这是关于"羊慌"的另一个版本。讲这个故事的老人还知道"羊坡"的所在地，强调故事的真实性。无独有偶，在平塘县的大塘镇有一个人口仅1000多人的羊方村。全村都是毛南族，相传是从六硐迁过去的。是什么原因让这一群人从六硐迁到那么远的大塘镇我们不得而知，但这个羊方村的村名，应当是由"羊慌"音转而来。"羊慌人"的故事，反映了毛南族先民用智慧和勇气保卫自己美丽富饶的家园，为自己的发展争得了立足之地。

1990年，"佯僙人"被认定为毛南族，1991年10月16日平塘县卡蒲毛南族乡宣告成立。从此，"佯僙人"的历史进入了新纪元。

扶持人口较少民族发展，促进各民族共同繁荣发展，是党中央、国务院的重大工作部署，充分体现了党和国家对少数民族同胞的亲切

卡蒲毛南族乡政府所在地

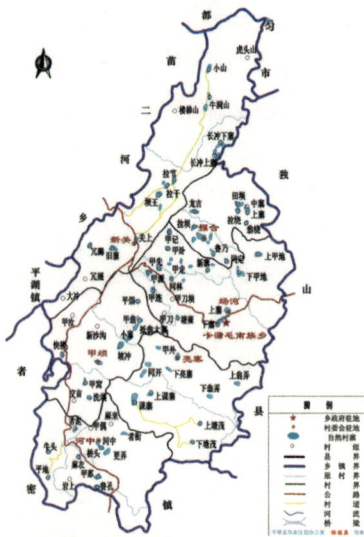

平塘县卡蒲毛南族乡行政区划图

"佯僙人"的自称

"佯僙人"会汉语以来，其汉语自称都说自己是"佯僙人"。至于本民族语言自称，佯僙语虽然在其内部比较一致，没有方言的区别，但有土语的差异。由于历史、地理、经济及与周围民族的联系不同，不同地区"佯僙人"的佯僙语自称有所不同。

居住在平塘县卡蒲、河中、者密等地的"佯僙人"自称为"印绕"(in^{33} zau^{24})，或"哎绕"($Tai^{23}zau^{24}$)，译意为"自己人"或"本地人"，或"佯僙个人"；居住在平塘县六硐、甲青的"佯僙人"自称为"印吞"(in^{42} $then^{35}$)，译意是"六硐人"或"六硐个人"；居住在惠水县姚哨的"佯僙人"自称为"哎吞"(zai^{42} $then^{35}$)，译意为"六硐个人"，因为他们自述祖先是从六硐迁来的。

关怀。毛南族作为贵州省人口较少民族，主要分布在黔南布依族苗族自治州境内的平塘、惠水、独山3县的6个乡（镇）、46个行政村，总人口3万多人。2005年以来，中共贵州省委、省政府按照国家的统一部署和要求，认真抓好《扶持人口较少民族专项规划》的实施，不断加大工作力度和资金投入，因地制宜，分类指导，充分调动干部群众的积极性，在人口较少民族——毛南族的帮扶上做了大量的工作，使毛南族聚居区的基础设施得到极大的改善，毛南族群众的生产生活有了很大的改善，毛南族群众的基本素质得到很大的提高，扶持人口较少民族工作取得较大的成效。现在，在全省毛南族聚居的46个行政村，通乡公路、通村简易公路均已建成；广播电视覆盖率、农户通电率、无线电话网络覆盖率、适龄儿童入学率都已达到100%，国家对贵州毛南族农村义务教育阶段的学生全部给予生活补助。贵州毛南族人民的生产生活条件有了较大提升。党的民族政策在边远的毛南族山区结出了丰硕的成果，在党的春风吹拂下，毛南族地区经济社会迅速发展，毛南族人民的日子越过越红火。

● 石头上镌刻历史 ●

　　对贵州毛南族历史文化的探究，因文献的缺乏而求之于田野。多年来，我的足迹遍及毛南族聚居区的村村寨寨。春天，迎着醉人的花香，走过开满大片大片金黄色油菜花的田野，欣赏毛南族山寨的美景，倾听来自原野的歌声；夏天，沉醉于农家小院的虫鸣，在一盏又一盏的清茶中捡拾那些带着泥土味道的民俗风情；秋天，收获快乐的毛南族人历数现实的丰足，回望悠远的过往，脸上写满幸福；冬天，我眷恋毛南族人家的火塘和香醇的米酒，更离不开酒意微醺时毛南族老人讲不完的故事。毛南族人的历史无法在故事中还原，但却为我们提供了进一步探寻的线索。随着几块碑刻的发现，一些隐藏在碑文里的历史事实逐渐清晰起来。

　　2010 年 8 月 25 日，我们偶然地在平塘县者密镇甲青村苗拉大寨发现一块买卖土地的契约古碑，那是毛南族祖先从土司手里购买土地的凭证。古碑立于乾隆四十三年（1778年），碑文记载了刘姓佃户租种"六硐司杨"的土地的情况，内容包括价格、主持人、代笔人、手续费、立碑时间等。至于"六硐司杨"到底是谁，据寨上 86 岁的刘仕模老人介绍，六硐司杨就是六硐杨土司，因其名气很大，只要提到"六硐司杨"无人不知，所以碑文仅留下"六硐司杨"4 个字。这是 200 多年前发生在平塘县境内的一次土地交易后的石刻"凭据"。这次土地买卖透露的信息说明毛南族人的祖先长期在土司的管辖下生活，依靠租种土司的土地为生，后来由于实力逐渐强大，有了一定的经济基础之后，

者密镇苗拉寨土地买卖契约古碑

从土司手里购买土地，以此土地为根本，世代繁衍传承，现在的"苗拉"就是碑文中的提到的"苗兰"，今天的"苗拉"已是一个拥有1258人的毛南族村寨。

我们细细观察古碑，发现经长期风化，有些字迹已不是很清晰，但仍能看出主要意思。为了确认这个重要的发现，我们测量了古碑，拍摄了照片。经测量，古碑高120厘米，宽80厘米，厚12厘米，为大理石材质，碑文为阴刻。内容是：

万古千秋

立卖券六峒司杨　为因祖创苗兰田庄捌份　租赁油 盐 银五两五钱夫役杂项等件　凭头目卖与佃户刘兴头 刘周老 刘副老 刘总哨 刘先斋 刘阿送 刘阿福 刘李姑为业　即口言定　卖价钱贰百贰拾两整　亲手接回自卖之后　凭从佃户耕种管业　旁人本族不得妄为争论　空口无凭　立卖券为照

拴缚太爷银贰十两

凭头目刘权印 石大目　石管洲 刘总洲 刘管家共银三两

亲手代笔银乙两九分

乾隆四十三年三月二十一日谷旦立

（原碑文无标点，空格为作者所加。）

就此古碑的价值，我们与贵州省文物保护中心和黔南布依族苗族自治州文物科的工作人员电话联系。电话中，据贵州省文物保护中心工作人员介绍，土地买卖"契约"古碑在省内鲜有发现；黔南布依族苗族自治州文物科的工作人员称这是迄今为止黔南发现的第一块土地买卖的石刻"契约"古碑，是研究平塘刘姓毛南族迁徙和清代平塘社会经济发展历史的重要佐证。

首次发现这块石碑，对我们是一个鼓舞，此后，凡是到毛南族地区，我们都会寻访相关石碑的踪迹。2011年1月15日到卡蒲毛南族乡调研时，我们信步向附近的学校走去，碰到几个老师。闲聊时有老师说到学校后面的菜地边有一块很古老的石碑，我兴奋地绕过校园围墙在菜地的一角发现了半截石碑，原来碑身被浮土掩埋过半，急忙找来工具，奋战半个小时之后全部碑身露了出来。经清洗发现，这又是一块土地买卖的契约古碑，除个别文字被风化看不清楚外，基本保存完好。经测量，碑高118厘米，宽80厘米，厚20厘米，为花岗岩石质。碑文为阴刻，楷体，碑文如下：

　　　　永垂不朽

　　　　立碑记

　　石金声 钟贤 玉润 玉崧 玉璋 玉森 玉龙 玉莹等人 合寨缘于光绪九年 得买解宅 公务银两 现有解姓所书卖契 但恐世久年湮 契纸易致朽坏 因将书契勒石于左

　　出卖公务文契人 解增秀 解世钟 世禄 解桂观 解美观 解世准等 为因乾隆初年 太高祖与平舟杨土司祖人 得买卡蒲仁化寨 公务银项价值四百两 以做奠扫祖坟之需 运今移远就近 自请凭中上门 出卖于仁化寨石纳公务人等 并与仁化头人石玉润 玉崧 玉璋 玉森 玉龙 玉林等 存照即日 三面议定 卖价足色纹银四十六两四钱整 亲手按银回匀 以买祭需之田 即日并退木刻 交还头人之手 □年解姓人等不得再来收纳 自卖之后 无论解姓并平舟土司 昔前来争论者 契内有名人等乙力承当 二比情愿 不得谋买翻悔情由 恐后无凭 立此卖契存照

　　平舟司验

　　凭中人 解世钦 解长生 王治帮 王治兴四人共押授银六钱

　　代笔人 解美观 押 □□

　　　　　　　　　　　　　　　光绪九年六月三十日立

　　（原碑文无标点，空格为作者所加。）

卡蒲买卖土地契约古碑

　　碑文中提到解姓人于乾隆初年从平塘杨土司手里买得"仁化寨"这片土地，后因解姓人迁走而于光绪九年（1883年）转买给石姓毛南族人。"仁化寨"即为今天的卡蒲毛南族乡政府所在地。从碑文中看出，清代时平塘毛南族地区由杨土司直接管辖，且势力很大，但在乾隆年间土司势力开始衰落，这与历史记载是相符的。令人不解的是解姓人从杨土司手里买仁化寨时议定的是"银项价值四百两",而光绪九年转卖时仅"议定卖价足色纹银四十六两四钱整",价格悬殊,这其中是否存在问题无法得知,但从立碑记载这件事并在碑首刻"永垂不朽",足见此事非同寻常。我们就此情况问遍当地的老人,但仅得知解姓人确实从卡蒲迁居都匀,至于具体原因无法知晓。

这块古碑立于光绪九年(1883年),详细记载了买卖土地的相关手续,有买卖双方当事人、中间人、代笔人,并有地方官员的验印章。这是一份完整的土地买卖契约。碑文中提到的石金声是卡蒲毛南族地区"府属南乡大七寨"的最后一个头人,在毛南族地区有较高声望,曾在平塘卡蒲地区的卡纳开辟了毛南大七寨的第一个交易市场,随后,又创办了大七寨的第一所私塾,对毛南族地区的经济发展和文化的传播作出过重大贡献。碑上专门注明"平舟司验",说明这次土地买卖活动经过了官府的同意,也说明了地方政府对当地头人地位和作用的认可。

这块古碑,不仅对于研究清代平塘县毛南族地区社会经济发展和毛南族聚居区的社会管理制度是一个重要的佐证,而且说明了现在的卡蒲毛南族乡政府所在地的场河村都是毛南族先人买来的。

发现这两块石碑之后,我们对毛南族地区的碑刻充满了兴趣,所到之处必加访寻。2011年1月18日,我们到了毛南族石、刘二姓集中居住的六硐。六硐,是一个小盆地,因四周的山脚下有六个大洞而得名。一条公路从盆地中间穿过,石、刘二姓毛南族人居住的村寨泾渭分明,仅仅因为这样的居住情况就引起了我的好奇。我虽然多次到过这个地方,却从来没有关注过有关毛南族的信息。印象中,好像没有什么古迹。这次走进了六硐才发现,许多有关毛南族的东西是刻在石碑上的。在六硐发现的古碑又给我们提供了新的研究线索。

那天,在者密镇政府领导的陪同和六硐河头村村民的带领下,我们爬上了村寨后面的山坡,找到了两组古老的墓碑,这是两组(为夫妻墓)4块墓碑,4块墓碑均为六合碑,高约2米,宽约80厘米,碑帽为"山"字形状。"山"的左右两"竖"形似鱼状,且分别雕刻有鱼尾龙头图案,"山"中的那一"竖",就像一个葫芦,稳稳地坐在中间,且雕刻有葫芦图案。随同调研的老教授刘世彬是研究碑刻文化的专家,著有《黔南碑刻》一书。据他介绍,这类雕刻蕴藏了民族丰厚的历史文化,他讲述了一个许多民族都有的传说故事：远古时代，洪水滔天，人们都被淹死，有兄妹两人，因为藏在一个大葫芦里，被鱼和龙保护而逃过大劫，洪水退却后，兄妹两人结婚，繁衍人类……毛南族人的墓碑造型就是对人类远祖的纪念。

4块墓碑中，最早的一组是光绪二十一年（1895年）立的，为左右并列。

六硐河头村调解山林纠纷碑

右为石松山墓，左为石母刘氏墓。石松山墓碑上的雕刻图案不多，最为丰富的是石母刘氏墓碑，雕刻有仙鹤、水牛、鹿、凤、母狮、喜鹊等图案。特别的是墓碑底座上有一幅雕刻，称之为"水牛望日"。"水牛望日"是一幅美丽的画：卧于水中的牛，仰头望着太阳，形象栩栩如生；太阳发出光芒，水中热气升腾，让人产生联想。另一组墓碑为光绪三十二年（1906年）立，也左右并列。右为石如受墓，左为石母刘氏墓。雕刻不多，最有特色的是石如受墓碑底座上雕有一圆形图案，经过仔细辨认，为蝙蝠图案。蝙蝠为哺乳动物，又名仙鼠、飞鼠。形状似鼠，前后肢有薄膜与身体相连，夜间飞翔，捕食蚊蚁等小昆虫。"蝙蝠"寓"遍福"，将其刻在墓碑上，象征幸福、如意或幸福绵延无边。

这种墓碑和这些碑身上雕刻的图案，我们还是第一次看到。其中蕴藏的丰富信息说明了毛南族历史的悠久和长期的文化积淀。这些墓碑的形制及雕刻的图案也是毛南族历史文化的见证。

在河头村里，我们又看到了一块"调解纠纷碑"，题为"司正堂立碑永记"，有一半因为修建通村的水泥路而埋入了地下，仅仅露出

毛南族石氏家族族谱碑

一半。所立时间为嘉庆十年（1805年）二月二十九日。我粗略看了部分碑文，内容是六硐杨土司调解石永祥、石阿胖、阿了、阿袍等互争山林一事的具体情况。立此碑作为法律依据，不得再告。此碑对研究毛南族地区的历史及社会管理和调控情况有着重要的参考价值。如果不是我们对毛南族古碑的持续关注，可能就遗漏了。

除了已经发现的这些古碑，我相信随着人们对毛南族历史文化的关注，还会有更多的发现，那些镌刻在碑文里的历史定会让我们更加了解毛南族。

● 血脉里流淌传奇 ●

三月，正是桃红柳绿的季节。

在卡蒲河畔，聆听毛南族老人的神话传说故事，仿佛走进了毛南族深厚的历史事件里，品尝到了毛南族浓浓的历史文化风味。

毛南族与其他少数民族一样，有着丰富的神话传说。在没有文字的远古时代，人们只能通过口耳相传，将自己的喜怒哀乐及与大自然作斗争的艰辛历程，以歌谣和故事的形式代代相传保留下来。因此，毛南族的神话传说既是流动的故事，又是毛南族血脉里流动的历史。

毛南族神话传说，多数是叙述人类和万物的起源等，通过完整的故事情节，借助于想象，把自然力量拟人化或把人神化，展现了贵州毛南族先民在恶劣的自然环境中渴望征服大自然的精神风貌。

《伏羲兄妹成亲的故事》、《阿格射太阳》等是毛南族神话传说的代表。《伏羲兄妹成亲的故事》叙述了远古时代，洪水泛滥，人类面临灭顶之灾。伏羲兄妹预先得到天上神仙送的葫芦种，及时种下得

听老人们讲过去的故事

到葫芦。洪水滔天时，兄妹躲藏在葫芦里七天七夜，逃过大劫，幸免于难。洪水消退，兄妹得到神仙的帮助，结为夫妻，繁衍贵州"佯僙人"——毛南族。

《阿格射太阳》讲述了上古时代有一位名叫"阿格"的人，身高力大，操弓射箭，百发百中。当时天上有十二个太阳，日夜劲晒，河流干涸，树木、禾苗被晒死，人们也热得非常难受。于是皇帝请"阿格"来射太阳。阿格张弓搭箭，一连射落了十个，只留下两个太阳，其中一个太阳看到十个兄弟被射落后，吓得躲了起来，到了晚上才敢出来，于是就变成了月亮。太阳白天照五谷，月亮在晚上给人们照路，从此风调雨顺，五谷丰收。

人物故事传说有《石娘与甲地》、《报耳神》、《卖香屁》、《联对做生意》等。《石娘与甲地》讲述的是一个出身贫苦而又十分善良的女子，叫石娘，她深深地爱上了一个名叫甲地的青年。后来有个土司看上了石娘，要强娶石娘为妾，遭到石娘的严词拒绝，土司就杀害了甲地，把石娘抢走。石娘宁死不屈，英勇反抗，在邻居张大妈的掩护和帮助下杀死了土司，报了仇，逃出了虎口。当她来到甲地的坟前

绿丝银绿

毛南族拦路歌

哭祭时，坟墓突然塌陷，她纵身跳进洞中，随即升起了一团白烟，在洞口开出一丛金银花。人们为了纪念他们，把坟墓所在的地点改名为"甲地"。

《报耳神》、《卖香屁》、《联对做生意》等属于机智人物故事，反映了贵州毛南族人的聪明才智，鞭挞了生活中的丑恶现象。

《报耳神》讲述了一个叫灵可的孤儿，给财主家放牛，牛被偷后用一只大马蜂放进竹筒糊弄财主，说是用牛换来的报耳神，并设计用报耳神找到了财主藏的三坛银子，找到了县太爷的大印，得了许多银子。他又设计让做马生意的人的马群踩破竹筒，获赔三千六百两银子，从此摆脱了放牛的生活。

《联对做生意》讲述了一个特别的生意人，在市场摆摊子出四言八句卖干笋，让买主对，若对的合，可拿走干笋，分文不取；若对错了，他则干收一分银子。一个秀才听了此事，很不服气，心想：我满肚子文章，还怕四言八句？一天，他去赶场，专找那个生意客买干笋，想当众出他的丑。生意客见到秀才，就出了上对："场坝卖笋，篾穿干笋。笋不是篾，篾却是笋。"秀才一听，抓头挠脑，半天讲不出个"之乎者也"来。只得丢下一分银子，悄悄地走了。秀才走到田坝，他老婆正在扯秧。老婆见秀才灰溜溜的，就问他哪样事。秀才把买干笋的事一讲，他老婆便指着田头的秧捆骂秀才："我看你读书读到牛屁眼去了。这现成摆着的都不会！"说完，爬上田埂，赶紧去找生意客。生意客重复了原先出的上对，秀才老婆接口就说："田头扯秧，稻草捆秧。秧不是草，草却是秧。"生意客哈哈大笑说："货卖有缘人。"马上把全部干笋送给了秀才老婆。

毛南族人在长期的生产生活中，总要审视自己的来历和生存的环境等，因而有了《"佯僙"的来历》、《地名"卡蒲"的来历》等独特的传说。

毛南族的节日有火把节、迎春节、"母亲节"等，风俗有独特的

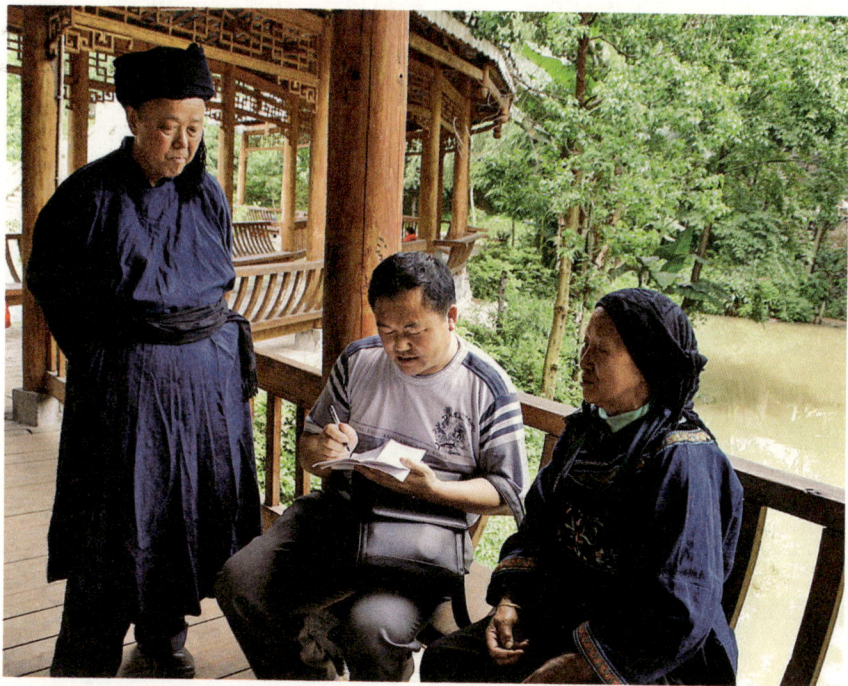

听毛南族老人摆古

丧葬习俗和奇异的婚俗，而这些节日和风俗都有一段传说来加以解释，如《火把节的由来》、《猴鼓舞的传说》等。

此外，还有不少关于动植物的传说，如《荞子、麦子和笋子》、《人、龙、虎和房子》等。

贵州毛南族民间传说和故事，主要是与历史事件、历史人物及地方风物有关，在长期的生产生活中，毛南族先民们把比较广泛的社会生活内容通过艺术概括而依托在某一历史人物、事件或某一自然物、人造物之上，达到历史因素和历史内容与文学创作的有机融合，使它成为毛南族艺术化的历史，或者是历史化的艺术，蕴含了丰富的文化内容。

透过民间传说和故事，我们可以发现，贵州毛南族与汉族有着历史的渊源关系。如汉族著名的神话《伏羲兄妹成婚》与贵州毛南族的《伏羲兄妹成亲的故事》，在内容、情节等方面都有相似之处，是"母本"衍生出来的"副本"，由此可以推断，早在远古时代，贵州毛南族与汉族就有着不可分割的关系，是组成中华民族的一分子。当然，许多故事传说也受到相邻的布依族、苗族等少数民族的影响，并借鉴、加工再创作，从而形成自己独特的故事传说。从某种意义上来说，贵州毛南族与布依族、苗族等少数民族的文化是融合的，是相连的。此外，贵州毛南族的故事传说有着较强的地域性和唯一性。像《"佯僙"的来历》、《地名"卡蒲"的来历》、《猴鼓舞的传说》、《火把节的由来》等，叙述的是本民族族称、所生活之地的地名、节日、舞蹈等的由来，这类故事情节特定而单纯，与毛南族的生产、生活、娱乐等息息相关，是独特的口头艺术作品，除了在文学上具有较高的艺术欣赏价值外，对研究贵州毛南族的历史、风俗、经济、社会，以及文化艺术的发展具有重要的参考价值。

"走"进毛南族的故事和传说中，那些鲜活的人和事，那些生产生活中生动的情节，那些先民与自然融为一体的画面，纷至沓来，又缓缓与时光相拥而去，而毛南族的历史则永远在后裔的血脉里流动，毛南族的根永远扎在脚下的这片热土中。

● 寨老、榔规管得宽 ●

春和景明，远山如黛，阳光明媚。

在这样的时节，去寻找镌刻在平塘六硐村熊桥石壁上的"榔规"，是一次触摸毛南族传统社会文化、探寻毛南族历史的欣喜之旅。

我们知道，一个民族，要生存发展，就必须进行物质和精神的生产，在生产生活过程中，就必须协调人们的关系，规范人们的行为，建立必要的组织和制度，以维护社会稳定。生活在平塘的毛南族先民也是如此。他们在长期的生产生活中，建立了寨老制、"议榔"，制定了具有法律功能的"榔规"，要求村寨全体成员共同遵守，以保障本村寨生产生活的正常秩序和生命财产安全。

平塘县卡蒲过去叫佯僙大七寨，其历史可以追溯到元朝。明朝万历三十六年（1608 年）贵州巡抚郭子章撰的《黔记》一书记载："平舟六硐司，元为都匀定云安抚司地。寻置六硐柔远等处蛮夷军民长官司，洪武二十三年（1390 年）置本司，隶都匀卫，永乐十五年（1417 年）改隶布政司，弘治七年（1494 年）改属府。"上述记载说明，从元朝以来，各地的行政建置变易无常。文中所述的平舟六硐司，在百年间就三易其名四改其隶属关系。同样，卡蒲大七寨数百年间，也由于各

卡蒲毛南族乡交懂组村民"议榔"处

种原因随着行政建置的变动而隶属关系经常变更，它的社会组织形式也随之经常变化。根据现有文物和史料记载，佯僙大七寨，至少从乾隆后期到清末的百余年间隶属都匀府所辖，称为"府属南乡大七寨"。在此期间，卡蒲大七寨没有官府委派的正式的行政官员。地方行政事务，由政府委托地方头人主持。这些人员分七寨总头人和各寨寨老两种。七寨总头人称为"管乡"或"总封"，由官府委托，各寨寨老由群众公认推举（多为德高望重的老辈子）。他们都不脱产，其活动纯属服务性质。卡蒲摆旁寨的石文锦（1721～1796年）为当时总封，其碑文记载"石文锦，前清受都司所委任管乡，故称总封，亦是堪与务农营生之业矣"。道光至光绪年间，南乡大七寨最后一位头人石金声（1824～1889年）则有修职郎的称号。其墓碑所刻为"皇清例授修职郎显考石公讳金声之墓"。此人亦非脱产，曾亲自创办佯僙大七寨的第一所私塾，传播文化，又倡导开辟"佯僙人"的第一个交易市场，沟通佯僙大七寨和外地的商品交流，发展佯僙七寨人的经济，专做有益于"佯僙人"的好事，后代人对他颇为景仰。

各代"佯僙"头人和寨老，主要是负责向乡民收缴"皇粮"上交官府。当时"皇粮"较少，用银折纳。例如同治年间，抵翁全寨二十多户，每年共交"皇粮"银九两九钱四分。都由寨老一人直接上都匀交纳。此外，"头人""寨老"们还负责调解乡间民事纠纷，筹办乡间公益事业，主持地方公产等。由于"佯僙人"多是一个宗族聚居为一寨，因此，寨老也就是族老。又因当时"佯僙人"都以一村一寨为换工互助的生产单位，各寨寨老（族老）还主持全寨的生产活动、婚姻丧葬等。

在这种带有一定自治性的行政建制中，各寨的"佯僙人"在各代头人和寨老的主持下，逐渐建立了各种管理制度。其中卡蒲大七寨各寨的"议榔"就是主持协商地方乡规民约的组织形式。

卡蒲大七寨的"议榔"是以寨为单位，于每年插秧后，由寨老召集全寨各户家长，聚会讨论，制定"榔规"（如已定有则讨论修改）并总结检查上年执行情况，然后大宴一餐而散。他们的"议榔"会也称"打保福"，包括三方面的内容。第一是请"塘漂"（鬼师）念咒语杀猪祭祀，祈求老天保佑今年风调雨顺。同时用白纸剪成一叠小块三角旗用红土水染其尖端，鬼师念完祈求之词后，各户用竹子做成若干旗杆，分别拿到每块田土插于田中，从此老天保佑田土不受虫灾和旱涝灾害。第二是制定"榔规"。其具体内容各寨不完全一样，多数先定防盗防匪的规章，如谁乱拿别人的东西，一个苞谷，一个瓜，罚多少钱；外盗入寨知情不报，或发生盗抢不参加追捕，或与盗贼同谋者如何处理；谁家人畜践踏别人禾苗如何处理，罚多少款等。第三是维护公共秩序和公共卫生。如污染井水河水，毒死人畜家禽如何处理等。"榔规"制定完毕后大摆宴席，共同欢庆插秧下种胜利结束，庆贺满栽满种，预祝丰调雨顺获得丰收。佯僙大七寨为了维护社会治安秩序，各个村寨都设有"卡哨"。每寨在附近一制高点设立固定"卡

卡蒲毛南族乡交懂组"议榔"的榔规

哨"，用一木牌顺序写上各户家长姓名，然后依次轮流到"卡哨"守卡，每家一天。守卡者随身携带牛角，观察发现可疑行人或听到周围村寨有可疑动静或听到周围"卡哨"吹响牛角，便立即吹牛角，通知本寨群众。当天天黑回家即将卡牌交下一户接卡。如有违反，必严加追究和惩处。聚居区的六硐地方也曾实行过"议榔"的制度。道光年间所议之榔规即刻于内外往来必经之道的熊桥石壁上。

熊桥石壁上镌刻的"榔规"

榔规全文如下。

　　盖闻朝有律法之严，民间有乡禁之规。兹我抵楼山居异姓杂处人繁，近有不法之徒，三五成群，则在山积聚，诱拐民间妇女，夜藏孤林独户，抢劫良善财物，愚顽被害甚属不少，地主遭累实已甚多。拟以众姓合议禁规，后如遇有盗家物牛马猪只者，宜即投报，众人供出路费追寻。倘隐匿不报，报之不追者，听众议罚，此乃弥盗除匪安定青地之美举。所有条规列后。

　　盗窃牛马家物者，贼入室偷窃被获，立刻即沉河丢洞，如有口论公同理讲。

　　盗刁拐民妇女者，拿获报官解究。

　　颗串□□诈磕良民者，从实禀报拿究。

　　盗田中谷、草，山林树木者照桩公罚。

　　盗山地杂粮瓜果豆辣者公罚。

　　知强盗踪迹，并提获盗者公奖。

　　挖墙割壁携衣物者即拿沉河丢洞。

　　计开，头人刘□□、刘官内、熊方明、刘阿生、刘应珍、刘巳珍。

道光九年九月□日公议

这些"榔规"是群众自己制定的，因此大家都自觉地遵守，形成一种严密的防范网。遇有盗窃事件亦能齐心追捕查获。偶有本寨人违反，也能秉公处罚，严加追究。因此地方秩序井然，团结和睦，和衷共济，使佯僙大七寨成为历代战乱中的世外桃源。

此外在佯僙大七寨还普遍实行乡老制，由各寨寨老自然形成一个乡老集体。这个集体，负责处理、调解寨与寨之间的各种纠纷；督促各寨严格执行联合制定的"榔规"；按榔规规定，对犯规者进行处罚等。各寨内部的家庭纠纷和户与户的纠葛，则由各寨寨老召集本宗族进行调解。如调解无效也必请各寨寨老集体处理。

到了清末的光绪年间，平舟土司委任石新唐为卡蒲团总，遂在卡蒲地区强行编为保董以及间邻制度，"皇粮"猛增，还增加"火烟"、"纳栽"等捐税。此举严重破坏了佯僙地区类似自治的政治制度，开始出现某些动乱迹象。民国3年（1914年）谢伟民出任平舟县县长，实行区、乡（镇）、间、邻，之后又改为联保，再改为大乡，实行保

熊桥石壁上镌刻的"榔规"远景

甲制度，严密管制和镇压"佯僙人"。民国13年（1924年），除了贵州地方军阀用以压榨人民的繁多捐税之外，刘华廷的支队，明兵暗匪，到处抢掠烧杀，是年冬月，卡蒲抵翁二十多户近百人，大部分被杀死。只剩下八个男人。

现在，在党的民族政策的光辉照耀下，毛南族人在政治、经济上都享受着民族平等的权利，和其他兄弟民族一起，走上社会主义的康庄大道。

随着社会生产力的发展，生活水平逐步提高，毛南族人在意识形态领域中，也自然地逐步形成自己的一套礼俗性的道德观念。这些传统观念无形地约束着毛南族人社交活动中的行为，调整着人们之间以及个人与社会之间的关系。

如今，"议榔"制度虽然消失了，但它作为一种制度曾经存在过，对研究毛南族的政治、经济、社会、宗教等有着重要的意义。熊桥石壁上的"榔规"已成为县级文物，成为毛南族自治制度的历史见证。

在幽幽的大山深处，在朗朗的晴空之下，在毛南族自治历史的长河中，"榔规"闪着耀眼的法律光环，为后人留下永恒的精神财富。

● 散落民间的史书 ●

发现毛南族地区的家藏文书，纯属偶然。

最初，我们到"打猴鼓舞"的发源地卡蒲毛南族乡甲坝村抵翁寨进行调研，在村民石治安家发现有收藏的古书，经检视发现是清代、民国时期的物品，主要有一个家族记事本、大量的契约文书、各种票据、委任状等。当时并没有引起我们足够的重视。后来在其他地方发现碑刻，经认真研究几块碑刻的文字，我们才意识到那些契约文书资料的重要性。后来，我们借来了那本家族记事本和那些契约文书，认真整理研究，发现这些用汉字书写的贵州毛南族的契约、诉状、税赋收据、入赘招约、委任书等，时间上多属于清代及民国时期，这对研究毛南族的历史文化、社会经济发展状况、族群及人际关系、社会组织及调控方式等都有重要的参考价值。此后，我们广泛深入贵州毛南族地区收集文书资料，目前已收集到各种契约书、票据300多份。年代从清道光年间到中华

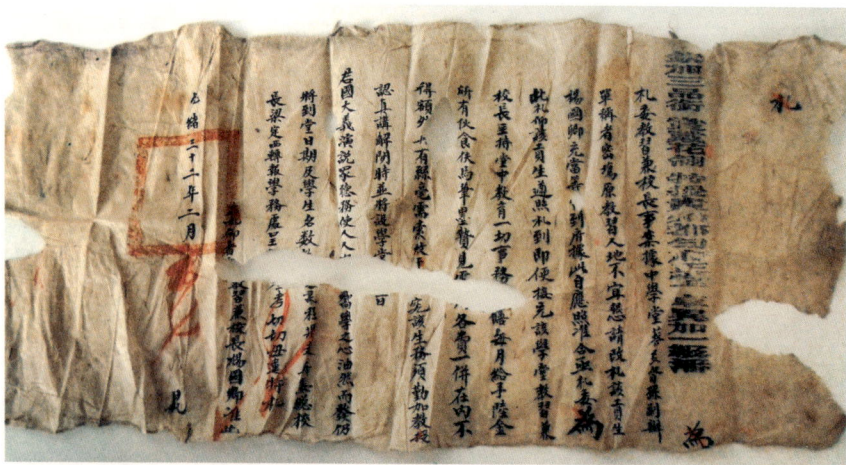

光绪三十二年（1906年）者密校长委任书

人民共和国成立初期都有，以清光绪、宣统和民国年间的文书为最多。

买卖契约涉及山场、地基、田地买卖等。从这些契约中，我们可以看到清代的一些土地政策，也可看到土地关系转移过程中家族所起的决定性作用。交易程序一般是卖主与家人商议，在亲族中寻求买主，如果亲族中没有人愿意买，就到外族或者附近寨子或者外地寻求买主，买卖双方和帮助书写契约的人三方当面立约成交。契约中多有"先问亲族"，"后问邻里"，皆"无人承买"，最后才卖到他人手中的表述。由此可见在清代及民国时期，平塘毛南族地区的社会结构和伦理观念，仍深受儒家文化的影响，是一个宗族社会，人们主要以血缘关系来决定亲疏，并以这种亲疏来决定买卖，影响买卖的先后顺序，甚

在村民家中作文书调查

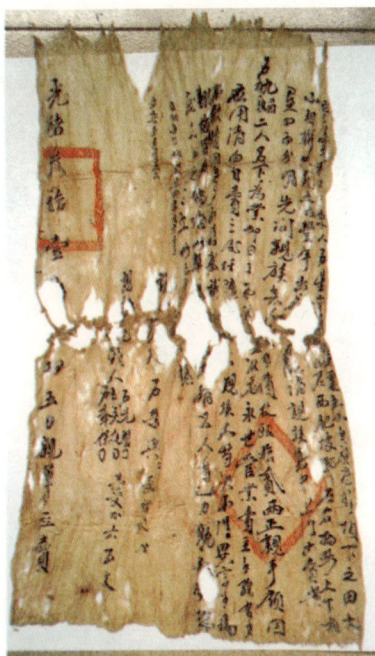 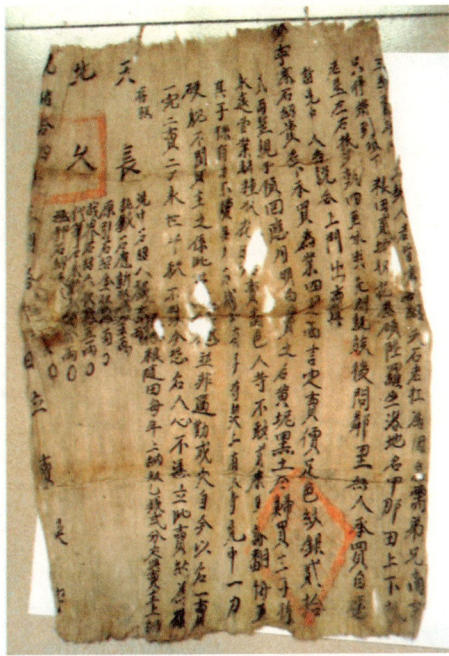

光绪三十一年（1905 年）石星峰卖田契约　　光绪十四年（1888 年）石老扛等卖田契约

至价格的高低。这种买卖关系因为有了伦理道德的观念作为支撑，个人征求并遵从家人与家族的意见，宗族也对个人具有一定的制约，个体生活在宗族社会中，宗族又在一定程度上影响着个人的言行与决定，双方互相融入其中，所以这种交易一般很稳定，也就是说，基本不存在毁约，而发生了现代意义上的"法律"效用。

立约的目的即为买卖双方起到制约与规定之作用，发生"法律"效用。在儒家社会里，"礼"有时起到类似于现代意义上的法律、规章制度的功能。在毛南族内部，从契约内容而言，人们首先"遵礼"，在"礼"的指导下，按亲疏关系来决定交易的先后顺序，最后"立约"，从观念提升为实物的"证据"。一种是传统伦理的"礼"的观念，一种是具有某些西方现代法律意义的"契约"，两者有机融合在贵州省毛南族社会里。这显然是一种奇特的文明现象，也可窥视毛南族地区在清代及民国时期的社会变化与历史进程的面貌。

最值得一提的是我们在毛南族地区收集到的委任状，这较为罕见，也非常珍贵。从光绪三十二年（1906年）者密校长委任书，可以看到当时的社会背景和教育改革情况。而民国11年（1922年）知事张永松委任石维枢为保董和县长杨德滋委任石维枢为保董的这两份同一年的委任状却反映了平塘县毛南族地区行政区划建置的变化情况。

此外，还有当约、换约等。交换的程序依然遵从血缘亲疏关系，交换过程邀请亲戚朋友来见证。从这些换约中，我们发现，家族的势力依然有重要作用，也就是说，交换田地，立约立据，都要考虑兄弟、族人的感受和意见，宗族势力对人们的社会生活影响极大。人们在一定的范围内从事

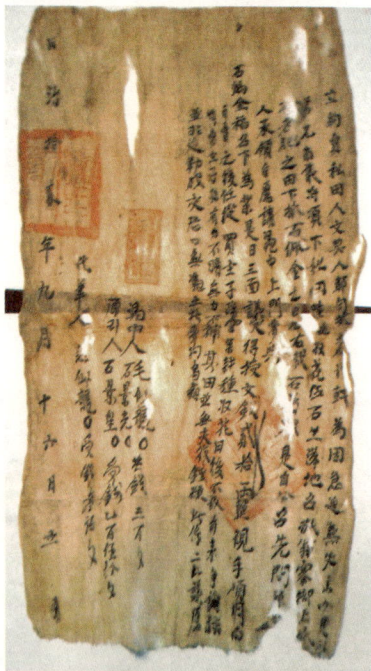

同治十二年（1873年）卖田契约

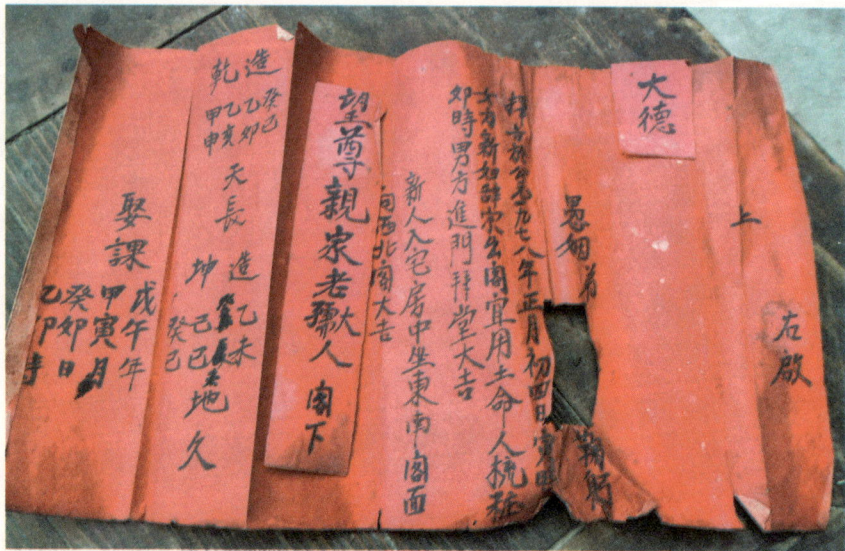

"八字单"

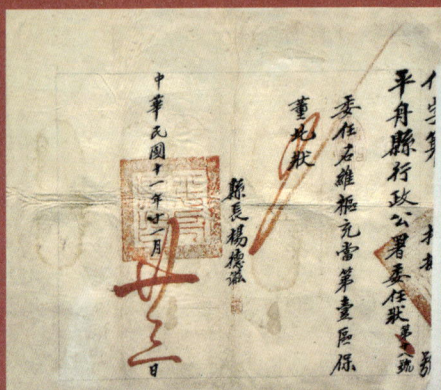
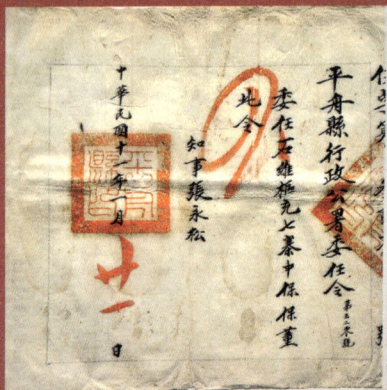

委任状　　　　　　　　委任状

　　生活、生产活动，制约与影响人们的思想与行为的重要因素便是宗族，而几乎没有"国家"的观念，没有"官府"的观念，所以所有民间"文书"的公证人和见证人多数是本宗族的人，而不是官府官员。

　　毛南族地区向来和谐，百姓之间和睦相处，这些民间"文书"起到了直接的作用，而根本原因便是宗族力量的强大，足够维系社会的稳定，也能够协调好与国家权力之间的关系。

　　贵州毛南族地区发现的文书资料，是研究贵州毛南族清代及民国时期社会经济状况的第一手资料，对研究贵州毛南族的社会、历史、经济、文化等具有重要意义。

金盆珍珠
JINPENZHENZHU

YING
CAIHONG
映彩虹

● 卡蒲风光美如画 ●

中国毛南族第一乡——卡蒲，这里是毛南族人生生不息的美好家园，这里是风光旖旎的地方。

走进卡蒲，你便能欣喜地看到卡蒲河从二层坡的山洞里潺潺而来，犹如飘带，一路欢歌，在山间跳跃，在田野里延伸，在山脚下逗留，在岩壁前徘徊，在树林中散步，将变幻着色彩的欢乐种在山谷，种在山间小盆地，也种在季节深处。

河水浇灌着禾苗、柳树、芦苇，绿透了夏季的日子。

河水浇灌着花香、鸟语、歌谣，灌醉了两岸的毛南族村庄。

河水浇灌着毛南族人甜美的歌声和憧憬，在拔节，在生长，在开花，在结果。

静谧的山乡，水流在绿荫丛

卡蒲风光

　　中纤细如梭,叮咚有韵,一尘不染。接近它,会让你远离城市的纷纷扰扰。

　　跌宕时刻,击石开花,晶莹剔透,欢歌笑语,绽放的激情感染你。闭上眼,让飞溅的水珠把你的衣裙打湿,所有的疲劳就会在瞬间消失。

　　一湾湾清幽的浅滩,是河水行程的驿站。水草被梳理得光滑、整齐,幽幽地随着水流摆动。碧波里,谁的眸子在闪亮? 难道,有位佳人,在水一方?

　　田埂上，放牛的男孩用石头打着水漂，"噗"的一声，芦苇中惊起一对水鸟，引得对岸正在洗衣的毛南族少女抬起了头。

　　近年来，卡蒲得到国家的大力帮扶，国家扶持人口较少民族（毛南族）的投入达3000多万元，实施了76个项目，发改资金投入1686万元，实施了20个项目，财政扶贫和社会帮扶资金投入318万元，实施了15个项目。通过这些项目的实施，全乡基础设施有了很大的改善。2005年至今，全乡共新修通村公路7条40千米，桥梁4座，改造通村公路3条19.5千米，解决近7000人的行路难问题；全乡共修建水池水窖453口，解决2500人111头（匹）大牲畜的饮水困难和约33公顷望天田的缺水难题……卡蒲社会经济发生了翻天覆地的变化。与此同时，中共平塘县委、平塘县人民政府高度重视毛南族文化的传承与发展、宣传等工作，投资300多万元建设毛南族风情园，着力打造毛南族文化旅游品牌，取得了较好的成绩。

　　毛南族风情园位于乡政府所在地附近的交懂寨，建于2003年，占地约1.3公顷。风情园依山而建，就着山势逐层各异，均为木工精雕巧盖的角亭式瓦房，错落有致，具有典型的毛南族木瓦干栏式结构建筑风格。园内有毛南族文化特征的神牛门、文化陈列室、表演场等设施。

毛南族风情园内文艺表演

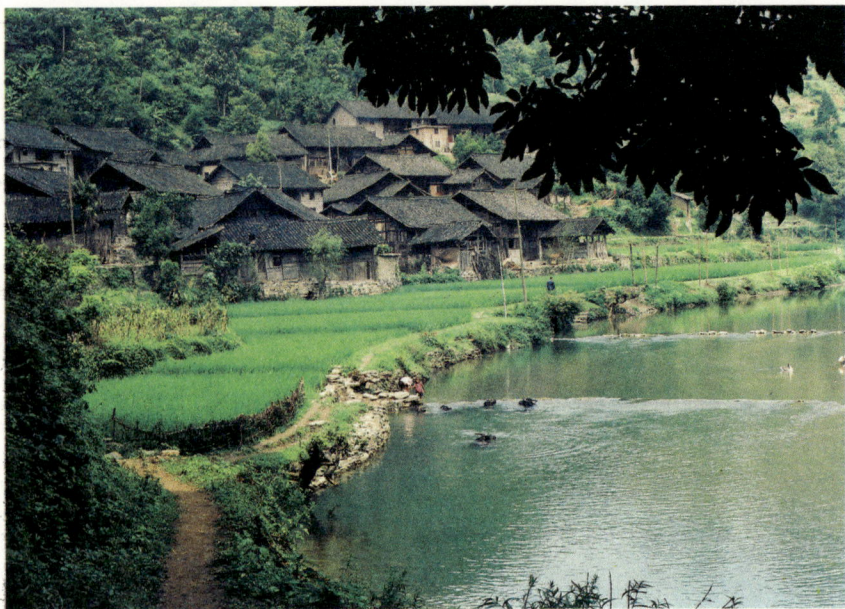

卡蒲河畔人家

陈列室收藏了上百件毛南族清末年间的生产、生活用品，如木碗、火枪、木椅、织布机、皮鼓、木犁、木锄、服装等。表演场建在山顶上，场中筑一高台，台中竖一数丈高的木杆，场周围是漂亮的碧瓦角亭，朱红的木柱上雕龙画凤，是毛南族人集会表演打猴鼓舞、舞火龙、"上刀山"和"下火海"的地方。毛南族奉牛为吉祥之物，景区主体建筑以牛头为形状，逢门悬挂牛头骨，向游人展示了毛南族历史文化和极具特色的民族生产生活用具，浓缩了毛南族的民族风情及习俗。景区集度假观光、休闲旅游和采风于一体。

　　毛南族风情园中，亭台轩榭，雕梁画栋，风格独特，记录着毛南族人厚重的历史文化和聪明才智，以及毛南族人从古代一步步走来的艰辛历程。

　　有关卡蒲的由来，还流传着这样一个故事。

　　传说很久以前，现在卡蒲毛南族乡政府所在地的三个寨子，没有统一的名称，只叫上寨、中寨、下寨。在上寨寨脚的河边，有一座大岩石山，山上都是葡萄树，山脚有一个大水井。一天，天不下雨而河水暴涨，淹没庄稼、房屋。原来是修炼成怪的葡萄树作祟。有人抬铜鼓路过，葡萄怪施妖法，把铜鼓吸进井里，挑拨铜鼓与龙王打架，自己在一旁观看取乐。铜鼓与龙王打架，使水翻腾，涌出井口，流向下游，淹没了庄稼和房屋，为害人类。

后有一位道人指点村民，要求把井背后山上的葡萄树全部砍完。村民按照道人指点，上寨的人便邀中寨、下寨的人，共同把山上的葡萄树砍光，再生再砍，坚持很多年，最后葡萄树不再生了，水井的水也不翻涌了。道人云游回来，看到事情已办好，大家平安了，就说："你们一教就懂，坚持砍葡萄树，保一方平安。"根据道人的隐语，人们就把上寨叫"教懂"，把上寨、中寨、下寨三个寨子统称为"砍葡"。随着历史的发展，其他文化的渗入，"教"和"交"是同音字，人们逐渐把"教懂"写成"交懂"。"砍"和"卡"相近，"葡"与"湆"、"蒲"是同音字，慢慢地把"砍葡"写成了"卡蒲"。

在卡蒲，有挺拔的大山——马鞍山，巍巍矗立在卡蒲河岸，与连绵起伏的山脉连为一体，为毛南族人提供了一个温馨的家园。

毛南族风情园

卡蒲河

有花，有草，有树，这里就有了人烟；有鸟，有歌，有情，这里就没有了空虚寂寞。

秋天如火，枫叶被夕阳染红。毛南族小伙子亮出歌喉，把相思挂在树梢，采蘑菇的毛南族少女把一片红得最艳的枫叶插在围裙上，幸福在山间静静蔓延。

一座拱形的石桥，在河面上永远保持着沉默，桥下泊着的小船，悠闲地躺着，在水波的轻吻中，做着浅浅的梦。一群鱼儿在柳条轻抚的水面追逐，桥墩的石缝里爬满青苔，一簇簇的，像在窃窃私语。

夏雨过后，小河显得清新淡雅，天边的彩虹引来蛙声一片。柳叶上的雨滴成一首离别的诗，风追赶着，云在动，柔柔的碧波里只剩下不变的树影在荡漾。夕阳西下，炊烟袅袅，站在桥上，你会想起徐志摩的《再别康桥》中的诗句"挥一挥手，不带走一片云彩"。

是啊，无需带走毛南族家园里的草木和云彩！作为一个匆匆过客，在这样的季节，能欣赏她秀美的风光，品味她千年的历史，倾听她古老的传说，聆听那咚咚的铜鼓声、木鼓声，羡慕她的睿智和五彩斑斓的生活，也就心满意足了！自己人生旅途中就多了一份牵挂，多了一份惊喜！

卡蒲毛南族乡建置沿革

卡蒲，元明清几代先后隶属都云安抚司、定云安抚司、都匀安抚司、都匀卫、都匀府，从清乾隆后期到清末的百余年间，称为"府属南乡大七寨"，由官府委托地方头人主持地方行政事务。民国3年（1914年），府、州、厅废除，改称县，设平舟县，"大七寨"隶属平舟县。民国16年（1927年），平舟县行政区调整为7区，卡蒲地区属2区。民国19年（1930年），平舟县行政区调整为5区，卡蒲地区属4区。民国30年（1941年），大塘县与平舟县合并，称平塘县，县城设在牙舟，卡蒲地区隶属平塘县。1950年，全县置4区1镇14乡，卡蒲称为仁化乡，隶属1区（平湖）管辖。1958年9月10日，撤乡镇，建立人民公社，卡蒲叫东风公社。1958年12月，撤销平塘县，东风公社并入独山县，后改名为平塘人民公社。1961年，恢复平塘县，将公社改为区，管理区改为公社，卡蒲设公社，称卡蒲公社，隶属平湖区管辖。1983年下半年，实行撤销人民公社，公社改为乡或镇，建立乡、镇人民政府，卡蒲公社改为卡蒲乡。1991年"建并撤"时，由卡蒲乡和者密区的河中乡合并，于当年10月16日成立卡蒲毛南族乡。

六硐风光

● 旖旎风光六硐河 ●

智者乐水，仁者乐山。

毛南族人既是智者，又是仁者，他们爱水，他们也爱山，他们所居住的六硐河畔，水美，山奇，魅力无穷！

从平塘县城摇只小舟沿玉水河而下，你就可以领略六硐河峡谷风光了。

六硐河峡谷风光将长江三峡之峻峭和桂林山水之奇丽融为一体，开阔之处，在船上也能看到远方绿意盎然的农田和青瓦木屋的农舍；狭窄之处，远远地就听到河水撞击石壁的声响，木船驶近，只见两岸山崖陡立，河床似刀砍斧切，水流湍急；平直之处，河水静静的像长长的明镜，几乎看不见水的流动；急弯之处，木船轻快如梭，忽而"哧溜溜"钻出"山穷水复疑无路"之境，转眼间便"柳暗花明又一村"。

船行峡谷，两岸景点众多。每一个景点，毛南族人都以一个生动的传说，将自己的情感融入山水之中。

六硐峡谷风光

悬崖之上，一突兀之石，形似皮靴，传说是神仙张三丰在追赶山妖时被棘刺挂脱的仙靴，张三丰担心山妖脱逃，顾不上捡起仙靴，仙靴变为石靴，任人观赏和品味。银滩，河水银光闪烁，好似白银，传说一大财主讨债归来，船上的一袋白银撒落河中，与水相融而成。崖上石龟，形态逼真，传说是毛南族先人赶牛过河，乌龟精兴风作浪欲吞食农夫和牛，观音菩萨云端指龟为石，脱险的水牛一脚踩在龟背，留下一个永远的蹄印，丑陋的龟石形象从此在河中定格。山岩上的仙人笑容可掬，传说仙人乘轿去与六硐一位棋艺很高的毛南族老人对弈，其间，老人的谈笑一次次逗乐了仙人，仙人竟开怀大笑久久合不拢嘴，其形象镌刻在石壁，笑出的气浪将轿子吹到山巅变成了石轿。象鼻山，象的眼、耳、鼻清晰可辨，传说此象千里跋涉找寻同伴，累死在六硐河岸边，化为石象……

银塘洞内钟乳石密集成片，石笋、石幔、石帘、石柱，造型奇特，绚丽多彩，洞中的仙人田水明澈如镜，阡陌纵横，石笋矗立其间，尖

六硐大坝

六硐河风光

六硐晨韵

峰倒影，相映生辉，一派秀丽的田园风光……

船出峡谷，你就可以欣赏到醉人的六硐风光了。

六硐坝子四周群山巍峨挺拔，高耸入云，山脚下，毛南族村寨房舍密布，阡陌纵横。坝子宽阔，田土肥沃，气候宜人，气象万千，春天可观麦青花黄之景，秋天可赏稻谷泛金、瓜果飘香的丰收之景。

弃舟上岸，就是碧绿、平坦、空旷的河头草坝。

草坝是上苍为生活在这里的毛南族人准备的一块偌大的碧玉，发出幽幽的光，溢出悠悠的情；草坝是一片凝固的绿云，凝固在高山脚下的六硐河畔，凝固在季节的深处和村民甜美的歌声里，与田畴泛金，潺潺流水，与木桥、村落、斜阳构成天地之间最迷人的风景，古朴典雅，灿烂辉煌；草坝是一位毛南族少女，小家碧玉，素面朝天，不雕刻，不粉饰，清纯，水灵，成为大自然不可分割的一部分，与山水情和民族魂融为一体。

六硐河畔，风光无限。

走进这片净土，犹如走进人间的仙境。

在它的天地间追逐、奔跑、踢球、翻跟头，任笑声和欢呼声飘起，丝丝缕缕，在树枝间缠绵，在蜂翼上颤动，在空气中芬芳，甜甜的，令人心醉！

　　在它的天地间安营扎寨，黎明，爬上山岗，看氤氲雾气升腾，听林间鸟唱虫鸣，放开喉咙，练一两声嗓，尽情释放心中的忧郁和不悦，以及生活中的愤懑和疲惫；黄昏，支起一根鱼竿，将鱼钩抛入流金溢彩的河中，静静地垂钓片片红霞，垂钓水中的星星和一弯新月……然后将梦做得有声有色，做得斑斓多彩。

　　在它的世界里，看桃红柳绿，嗅瓜果飘香，摄谷黄人欢，坐观农户庭前花开花落，笑看天边云卷云舒，心情就格外舒畅，人世间贫与富，宠与辱，得与失就会忘却在九霄云外。

　　在月朗星稀的夜里，与恋人相约，依偎在河堤上，窃窃私语，将情愫种下，种在心中那片神秘的土地，期盼着，期盼着发芽、长叶和结出沉甸甸的硕果，向自己的人生交出一份爱情婚姻家庭满意的答卷。

秋到六硐

《韩诗外传》说："天地以成，群物以生，国家以宁，万物以平，品物以正……草木生焉，万物植焉，飞鸟集焉，走兽休焉，四方益取与焉……"作为生活在六硐河畔智者和仁者的毛南族人，懂得水乃天地万物之源，山乃万民瞻仰之地，懂得万物以平、品物以正、四方益取与的道理，因而，他们才生活得自在，生活得安逸和舒适，才在优美的山水之中繁衍生息和创造灿烂的民族文化，让自己的家园成为人间天堂，成为外人永远留恋的地方。

● "生命线" 串起传奇 ●

甲青在毛南族的历史上，似乎是一个伏笔，仿佛总是被人遗忘，然而当你真正去挖掘这个民族的历史后，才发现甲青的作用不可低估。

牵扯着甲青毛南族历史主线的，是一条名叫苗拉河的大河。居住在甲青一带的毛南族，沿着苗拉河发展，沿着苗拉河定居、繁衍生息，

苗拉河

苗拉河谷风光

　　高山、更打、甲饭、甲塔、苗拉、八贡、大寨、小寨、当其、纳让这些毛南族村寨，一直散布在苗拉河岸边大山的沉寂与神秘中，为这片土地提供了深沉、宁静的居住背景。多少个世纪以来，苗拉河始终滋润着这片土地上毛南族同胞的乡愁与诗心。

　　苗拉河是平舟河的下游，平舟河逶迤经过六硐，跨越六硐坝子边上的十龙过江后，一改温驯的性格，突然变得狂放不羁，将沿途经过的大山，深切出一个又一个高大幽深的峡谷。河水在这些峡谷间奔腾着，咆哮着，轰鸣着，抑或是想摆脱山的羁绊，抑或是想展现独特的个性，抑或更是想大声地吟唱出隐秘的久远心曲。苗拉河一路高歌，一个又一个的峡谷一路首尾相护，水与山缠绵，冲起的雾与天交融；山崖与河水的交响，陡坡与小树的相伴，石头与波涛的交缠，冲撞出了一片土地历史余韵的流淌。

　　走向苗拉河，走向河水深切的一个又一个峡谷，走进峡谷边上的那些毛南族村寨，都会有历史余韵的古风在河岸上回响。季节更替，在苗拉河岸边荡漾的，是毛南族人的古朴民风，倾听苗拉河水的诉说，也就等于倾听了毛南族人的古歌吟唱："依山傍水是我家，门前小路下河滩。上坡才知抬水苦，下河才知水不干。"苗拉河日夜流淌，奔腾不息，沿着河岸走一遭，你就会发现，这条河不仅滋养着毛南族人的生命，更滋润着毛南族人的心灵。

苗拉河

　　出六硐进入苗拉河的第一个峡谷是高山峡谷。峡谷两边高山耸立，崖壁、森林、灌木、草坡，层次分明。这里的毛南族村寨，大都建在崖壁顶端的平地

或者斜坡上，傍山面水，房屋鳞次栉比，层次分明，隐去了险峻的界限。灯光明亮的夜晚，崖壁下的河水里会撒下丁丁点点的星星，随河的悠远扯着无边无际的想象。河岸边的崖壁傲然挺立，衬托着一栋栋木楼向远处的高山顶延伸，仿如居住在这里的毛南族人延伸的梦想。在这里，历史的脚步化作石板路上的印痕，攀升，延伸，再攀升，再不断地延伸。而这里的每一个山坡，每一道山谷，都储藏着丰富的煤资源，这些存在了亿万年的煤块，在毛南族人世代祖先的荫庇下，才得以保存至今不被挖走烧掉。

打密河峡谷是苗拉河出六硐的第二个峡谷。在打密河峡谷，苗拉河一改在高山峡谷间的狂野、轰鸣，变得温柔，吟唱的歌谣也变得流畅而舒缓。冲出了高山峡谷的羁绊，河水在更打寨脚和甲饭大桥间形成一个长滩，慢慢积蓄，短暂休养后，又缓缓地带着幻想的梦境，灵感和鸟语花香，一路轻缓地演奏着前行的乐章。河岸边无数的小树，在河水的滋润下，不断变幻着四季的新绿与枯黄，与河一道，享受着季节的撞击，期盼着灵魂的再生。打密河峡谷由于崖高坡陡，几乎没有人居住，崖壁下的河流更是少有人涉足。

　　苗拉峡谷是苗拉河最长的峡谷。出打密河峡谷，穿过一个近2千米长的河滩，河水进入苗拉峡谷。苗拉峡谷河道逼仄悠长，水流湍急，河道内怪石嶙峋，很多石头上都长着顽强的水柳树，水柳树顺着石头把根扎进深深的河床中。站在河岸边欣赏，似乎是树与石头、石头与河床、河床与河水紧紧地连成的不可分割的一体。一年四季，无论水缓水急，生长在石头上的水柳树都不急不慢地生长着，它们不高大但

苗拉河

顽强，不强健但坚韧，几十甚至上百年的风风雨雨，长在河中石头上的水柳树的生命仍旺盛如初。苗拉峡谷两岸坡地平缓，坡上森林密布，土地肥沃，是当地毛南族群众居住、耕作比较密集的地方。

纳让峡谷是连接拉干峒大盲谷的最后一个峡谷。河水进入纳让峡谷后，仿佛进入了一个隐形的世界，一改奔腾跳跃的姿态，突然变得宁静平缓。纳让峡谷是一个不长的峡谷，由于地质构造的原因，峡谷内暗河密布，从上游流到这里的河水，大部分顺着暗河流进了地下，河道上只留下一小部分河水形成一些小河滩，有的地方甚至出现了断流现象，只有在春夏发大水的时候，河床里才看得到大水的奔腾和咆哮。

苗拉河是居住在甲青一带毛南族的母亲河。当地毛南族人把木楼建在

苗拉河畔的毛南族山寨

甲青毛南族人家

毛南族山寨

河岸上，沿河而居，岁月里就流淌出了古旧的历史气味。老人们在夕阳下就着河水的伴奏，吟唱着久远的古歌；中年人在高山上看或涨或落的河水，思考着家里的生活和田里的庄稼；年轻人独坐在河岸边的石头上，臆想着消失的爱情和不可知的未来；孩童们徜徉在河岸边的小路上，听或深或浅的历史故事在河水的深处汩汩流动。而这条河和这片土地走过的历史，就像每一个峡谷高不可攀的崖壁，肃穆、庄严、神秘，看似有声，其实很多时候都是无声地流淌在历史漩涡的最深处。

● 守望家园的"彩虹" ●

天生桥在拉干硐大盲谷边缘，是纳让峡谷和拉干硐大盲谷的交界。

峻峭的河岸上，星罗棋布的毛南族村寨缀满了桥两面的山坡。苗拉河的上空，悬空的石桥上，古树和巨石矗立，那是山水相依的象征。走在天生桥上，就忽略了苗拉河的历史，也忽略了苗拉河的水声。仰望桥上的古树，触摸桥边的巨石，仿佛触摸一个久远的历史符号。桥两头山坡上的毛南族村寨，已经在这片土地存在了几百年。一个民族古老的村寨依山而立，暗示着时间的久远。桥是山与山之间的纽带，也是毛南族

天生桥

祖先行走的通道。桥头巨石边供人歇息的石凳，既是祖先们迁徙路上的停靠点，也是迁徙到此定居后的毛南族后代子孙们，守望灵魂永恒的驿站。

踏上天生桥头，天生桥已经成为历史，在桥头的石凳上已经看不到曾经迁徙的历史痕迹，只留下一首首古歌的余韵和由古歌衍生的传说供人凭吊和怀念。

"走到苗拉河，望见对门坡。水把路头断，要害我家哥。仙人来帮助，过河得成活。天生桥上过，建家纳让坡。守着苗拉河，幸福多又多。"

甲青天生桥

相传在很久很久以前，从江西迁来贵州的一支毛南族同胞，经四寨往苗拉方向，长途跋涉来到苗拉河边时，夕阳已经西下，眼看天就要黑了。而上司给他们的命令是天黑时必须渡过苗拉河，到达目的地，如果天黑不能渡过苗拉河，就要将他们全部处死。这群已经疲惫不堪的人，此刻虽然站在了苗拉河边，但他们的脚已如铅重，身体已没有力气，往前走已经十分困难。何况他们面对的是一条波涛汹涌的苗拉河，没有桥，也没有船。就在大家以为此生必死无疑，闭着眼睛等着上司把他们处死时，一位白胡子老者出现在了他们身边。老者得知他们的情况后，很同情他们，把

天生桥

他们请到远处的大石头边去休息，说他马上搭一座桥，把他们送过河。这些人在大石头边刚休息不一会儿，老者就过来叫他们，说桥搭好了，叫他们赶快过河，天黑前他们还可以翻过对面那个坡，到达那边坡的纳让。这些人从大石头边走出来，看到在距他们休息处不远的岩石上，已经架起了一座石桥，石桥由一整块石头连接着两座岩头，就像是两座岩头横生出来的一样。然而当这群人想问这个老者，用什么方法这么快就把桥搭起来时，却发现老者不见了。这些人知道他们遇上了神仙，是神仙救了他们的命。这座神仙搭的桥，后来就被这些迁徙者称为"天生桥"，"天生桥"的名字就世代相传至今。

　　还有一个传说是这样说的。相传以前苗拉河水没有这么深，这么宽。后来有一条不知哪里来的龙，可能是想顺河下东海朝拜，走到这里后搁浅了，而这里周围寨子的鸡又开始叫了。眼看天就要亮了，龙还被困在浅水里走不出去，它就在河水中不断地折腾，越折腾河床越往下陷，山上的石头滚落到河床也越来越多。折腾中龙看到了一个洞口，它想从洞口冲出去，但却被几颗大石头卡在河中动弹不得。正在这时，一位走夜路的老者从这里经过，发现河床比平时下降了许多。这老者就下到河边去看是怎么回事。在河边，老者见到了被困在河中的龙。龙将自己的遭遇告诉了老者，希望老者能救它出困境。老者一个人无法搬动那些大石头，就叫来附近寨上的人，搬开困住龙的乱石，把龙解救了出来。龙为了感谢大家的救命之恩，就在人们来往的山顶上，用一块石板搭起了一座石桥，供大家过河。从那以后，

甲青天生桥

从纳让往四寨方向走，过苗拉河时，人们就不用先下坡来到河边，过完河后再爬上高高的坡，直接从山顶就可以过去了，也不用像从前那样惧怕河水了。

围绕着天生桥的形成，还有许多不同的传说，每一个传说都寓意着一个美好的故事，更寓意着一些美好的愿望。重走这座桥，捡拾一路上听到的传说，历史的传说和寓意已经给这片土地镌刻了深深的烙印。与其说天生桥是地质的杰作，还不如说天生桥是历史的杰作，是历史赋予居住在天生桥两岸毛南族同胞的美好愿望与未来，而这些美好愿望和未来，都淋漓尽致地体现在与天生桥有关的传说上。

天生桥的历史应该是很久远的，久远到只能用传说来概括它的历史地位，同时这也说明了这片土地形成的历史很悠久，苗拉河在这片土地上行走的脚步很悠久，生活在这片土地上的毛南族的历史也很悠久。站在桥上，从桥上往苗拉河俯瞰，几百米之下翻腾的河水，无声地前进着，在这个桥上看下去平静异常。然而仔细谛听，就慢慢探寻和顿悟到了时间深处的信息。桥下的河谷蛰伏于大山深处，河谷两岸的民居，从上至下延续着古老的民风民俗。时间与空间神合，折叠出了另外一种风景，另外一种让人向往的

林木葱茏

世外桃源。是的，毛南族居住的都是世外桃源，他们的村寨与山水和谐，他们的生活与山水相依，就连他们唱出的山歌也与山水相融。

　　"弟我生来爱唱歌，歌声飘过苗拉河。天生桥上打火把，问妹来约不来约。"

　　除了历史，除了山歌，天生桥更是一道美丽的风景。两岸叠翠的山峦，脚下湍急的河流，桥上青翠的古树，桥两边伟岸的巨石。再配以山坡上青年男女饱含爱意的情歌，时时刻刻都在演绎着这片土地上毛南族的风情。

　　造访天生桥时，初春的阳光已经将四周的山野装扮得花香泛滥，从斑斓的树丛中对天生桥举起镜头，那个腾空在高高山尖上的石桥，就像飘荡在云朵上一道艳丽彩虹的剪影。

拉干峒大盲谷

● 狭长幽深的岩溶景观 ●

　　在高高悬崖的护卫下，站在盲谷中，就只能看到两边崖壁上的树，和那些无数个镶嵌在崖壁上的洞口，还有就只能看到天空，看到云彩。越往盲谷的深处走，头上的世界就变得越来越狭长和微小，盲谷深深，仿佛是要让人完全迷失来时的路径。

　　这就是拉干峒大盲谷，也被称作甲青大盲谷。这个距平塘县城72千米，长12千米，最窄处100米，最宽处近500米的大盲谷，古老而沧桑，掩藏着树林、草坪、山洞、明河、暗潭以及许多乱石堆。陡峭的悬崖，高耸入云的大山，引人入胜的奇峰险谷，令人惊叹的崖壁溶洞，神奇美丽的风物传说，以及保存完好的原始森林，用最神奇美丽的景致刺激着探险者的眼球。站到盲谷深处，天地顷刻间就还原了一片亘古的肃穆。再仔细聆听，盲谷的更深处，好像有人在纵情地歌唱，你别以为那是幻觉，其实，那是隐藏于盲谷深处的河流撞击崖壁，奏响欢迎客人到来的乐曲。一路上高山悬崖与你同行，也许你还感受不到风的吹拂，但有树林，有草坪，有不甘寂寞的野花，有小鸟在林中歌唱，有蜜蜂在花丛中私语，你的心就会无端涌起一种莫名的、淡淡的却是凉爽的甜蜜。

拉干峒大盲谷是一个狭长幽深的高山峡谷，东西是绵延起伏的大山，北面是逶迤奔腾而来的苗拉河，南面与拉弓盆地相邻。如果你是站在盲谷与盆地边缘不足 10 米的垭口上，你就会发现，拉干峒大盲谷和拉弓盆地，原先应该是连在一起的，在经历了上亿年侵蚀后，盲谷下陷了，盆地也下陷了，而隆起的山脊就成了一道天然的分界线。

没有人能说得出盲谷形成的时间，盲谷的悠长就像一个时间的长廊，将久远的古旧和变幻的岁月全部融合在日子的最深处。苗拉河的起起落落，暗河水的涌出消失，崖壁石块的脱落堆砌，草坪上的花开花谢，丛林里的树长树枯，遗落了多少，衰荣了多少，都无法洞察出准确的时间痕迹。当地的毛南族人同样也给盲谷赋予了美丽的传说，他们说拉干峒盲谷以前是一条龙开出来的，这条龙顺苗拉河而来，想从拉干峒这里往拉弓方向出海，但当它走到拉弓盆地边缘时，听到了鸡叫。龙知道前面就是村寨了，它如果再往前走就会水淹村寨，祸害百姓，于是这条龙折返身体，顺来时的路，从西北角的大山脚下遁入地底而去。由此，我就仿佛窥视到了龙行时的雄姿风采，劈波斩浪，撞山击石，仿如盘古开天辟地一样，一头下去，下陷

拉干峒大盲谷

盲谷风光

为前行通道，突起为跳跃峰峦。龙行英姿，引领着四周的群山，如奔腾的骏马，向着远方或更远的地方潮涌狂奔。传说终归是传说，但透过传说，盲谷生命交响的高潮就赫然永生了。

现如今，从山顶俯瞰拉干峒，盲谷既像吞噬时间的宇宙黑洞，也像吞噬岁月的时空隧道，深得无底无岸，长得无边无际。所以当地人把它称作拉干峒，意思就是大峡谷，大得让人无法走通的峡谷。到拉干峒大盲谷去，唯一的一条路是从甲青老乡政府所在地，顺山脊一直往下，到盲谷与拉弓盆地相交的山垭口，再走下一个几近垂直的近 100 米的石板路，才能够到达谷底。到了谷底才赫然发现，盲谷就像一个微缩的自然世界，有小丘、有平地，甚至还有天坑，有暗潭，有河流，有溶洞。小丘、平地以及天坑，都遍长着密密麻麻的野花野草和许多叫不出名字的灌木丛林。暗潭、河流、溶洞，则充盈着水流的魅力与风采。无论从南往北还是从东往西，所有的路径不是在草丛中穿行就是在丛林中穿过，走在这些小路上，近闻鸟语花香，远听百兽嬉戏，不自觉地，你就会把自己想象成山野中的自由王者。如果胆量够大，再喊上那么一嗓子，或者对着四周的悬崖高歌一曲，豪情与奔放又成为你的特权。是的，歌声中，你还会听到"轰隆隆"的伴奏声，那就是从远处逶迤而来的苗拉河，正沿着盲谷西北部边缘的山脚，弯弯曲曲地在盲谷中开山劈石，遁地远行，惊心动魄的轰响是水击崖壁的轰鸣，余韵环绕，百里不绝。

　　再有就是那些陡直的山崖上，大大小小奇奇特特数也数不清的溶洞，洞天相连，云海苍苍，深藏着众多岁月凝练的故事。每一个或深或浅的洞口，当地的毛南族同胞都会总结一个优美的传说故事，让人遐想，更让人留恋。然而这些崖壁上更多的洞群，就连当地最有名的毛南族猎人，都没办法去涉足探险。溶洞的足迹在崖壁上没有规则可寻，洞口纵横交错状排列，远看仿如大山巨人的慧眼，因为如此，忽然间就让人茅塞顿开：原来这是看护大盲谷历史足迹、看护盲谷中的河流和花草树木的眼睛啊！在盲谷西北部行走的苗拉河，走到一个400多米高的笔直陡峭岩壁下时，突然一头扎入地下，转眼间就消失得无影无踪。想必曾经开辟盲谷的那条龙，也是从这里入海的吧，如果不是为了保护村寨，保护百姓，它的足迹会消失得无

盲谷一隅

风光旖旎

影无踪吗？距离苗拉河的入地处 100 米左右的小山梁一边，豁然出现了一个 600 多平方米的大天坑，天坑里有两个呈"8"字形的水滩，滩水长年不断。滩与滩之间由一座天然的石桥连着，水滩就恰如两颗绿亮晶莹的宝石，在盲谷的纵深处闪耀光彩，给盲谷陡增了几分神秘的色彩。当地毛南族同胞把这两个水滩称作"金银滩"，由于滩中盛产鲇鱼，也有人把它们称作"鲇鱼滩"。

无论春夏秋冬，走进盲谷，都能够在徜徉中收获童话一样的享受：四季不同的花香，变化多姿的丛林色彩，千姿百态的溶洞群落，层次分明的高山崖壁……甚至于还可独坐金银滩的天然石桥上，与滩中的鲇鱼嬉戏，亲身体验垂钓鲇鱼的惊险刺激。运气好的话，就能品尝自己亲自钓上来的鲜嫩鲇鱼，喝上鲜美可口的鲇鱼汤，收获一种自由放松的快感。

● "世外桃源"藏大山 ●

　　这是一个小巧玲珑的盆地，星罗棋布的房屋依山而建，缀满了盆地四周的山坡脚。高矮不一的大山，交错逶迤绵延。大山是盆地的守望者，所有的村寨都在大山的威仪守望下，祥和地传承和发展。居住于盆地中的毛南族同胞，祖屋的木柱早已被亘古的风霜侵蚀出岁月的皱纹。触摸那一条条粗糙的痕迹，仿佛就触摸到了这些毛南族村寨久远的历史符号。还有那些供奉祖先牌位的古旧神龛，表明居住在盆地中的毛南族同胞，已经在这里生活了好几个世纪。一条条被岁月磨平了的石板路，足以证明时间的悠远。

　　拉弓盆地和拉干峒大盲谷之间，横亘着一条宽不过20米的山脊。顺山脊往南延伸的拉弓盆地，仅仅延伸不到5000米，就被一群高大的山坡围了起来。站在拉弓坡上，从南往北看，盆地就像古代一张蓄势待发的弓，与拉干峒相隔的山脊就是拉出去的弓绳，而即将要发出去的箭就是拉干峒。这样一个富有想象力的地名，本身就凝聚了美丽的寓意和传说，想必第一个居住于此的毛南族祖先，第一个给这个盆地命名的毛南族先人，就是通过敏锐的观察来发挥他的想象力的吧。我相信这张拉开的弓，应该就是生活在这片土地上的毛南族同胞们生命的保护神，因此这个不大的盆地中，才会有那么多的毛南族村寨，才会让这一代又一代的毛南族子孙，执着坚守着这块祖先灵魂迁徙停留的永恒驿站。

　　虽经岁月的演变，盆地中的众多房屋，却依然是门楼小院，木柱青瓦，干栏木壁。有些老屋依旧古韵悠然，优雅朴素，一如远古款款而来的素妆女子。而更多的新楼房则连接着老屋的飞檐，顺着绵延的山势此起彼伏。老屋、新楼，岁月的古韵与现代的发展，交织成盆地内一道道多彩的梦境。

　　传说从前，拉弓盆地是从拉干峒经过的龙觊觎的福地，是一个不可多得的聚宝盆，龙搅三江翻四海从拉干峒一路向盆地飞

远眺拉弓盆地

奔而来，眼看只要越过一道窄小的山脊就能直抵盆地了。这时，附近村寨的鸡叫了，鸡的叫声惊扰了正在行进的龙，龙就想看看是怎么回事，但抬头的一瞬间，却看到了一张弓，一张绷得紧紧的弓正对着它准备射箭。龙急忙将头一摆，躲过了射出的箭，但箭却飞越过龙身，将拉干峒大盲谷西北面的大坡射出了一个大缺口，护着龙前行的水一下子全部从这个缺口流了出去。没有水，龙再也耍不起龙威了，只好灰溜溜地折转身子，往有水的地方遁去。如此，盆地保住了，盆地中的村寨也才免遭劫难。有了这个传说，拉弓这个地名的由来应该很清晰了，然而讲这个传说的老人们却不敢肯定，他们说祖先在把这个故事讲给他们听的时候，也没有告诉他们这就是拉弓地名的由来。

我想，毛南族群众居住地的很多地名都不是随意起的，都应该有故事背景，只不过随着时间的流逝，再加上没有文字记载，口耳相传中祖先们认为地名的来历和寓意不是很重要，才没有把这些寓意传承下来。而语言的逐渐失传更是雪上加霜，很多地名外人认为应该是毛南语，但居住地上的这些毛南族的后代却说不清楚。其实，在今天，拉弓这个地名的寓意已经不是很重要了，居住在这里的毛南族同胞依然保持和延续着一些古老的民风民俗，这就足以告慰祖先了。

● 姚家河谷地质奇 ●

在毛南族生活的这片土地上，到处都是风景，到处都是充满奇迹的神秘。无论是在卡蒲还是在者密，山都将毛南族同胞们生活的艰难、神秘、奇特表现得淋漓尽致。走进毛南族同胞生活的家园，读到的是山，领略的是山，传神的是山，诱人的也是山，以及山体所包容的美丽风景。

疑似冰臼群的地方位于者密镇甲青片区拉岩村的姚家河地区，毛南族同胞居住于该地区已经有两三百年，有的村寨甚至近六百年的历史，他们在这片土地上先是捕鱼打猎，然后开垦种植，过着半猎半农的日子，他们见证了这片土地的发展变迁，同时也用自己的双手不断地改造着这片土地，维护着这片土地的生态环境。

去姚家河要经过甲拉村干河寨头的穿洞，穿洞高15米，宽20米，长

疑似冰臼

50 米。路从洞中穿过，路旁有许多造型别致的石笋，如冲天竹笋，也如打坐的和尚。此洞位于两山夹峙间，洞顶厚近 30 米，洞顶还有一条小路，是连接屯上寨和小寨两个毛南族聚居寨的路。洞中路旁不远的地方有一近 5

疑似冰臼

米的天窗口，人若站在洞顶的小路边，通过天窗，可将洞内的风景尽收眼底。洞口两边的崖壁上长着许多古树，攀岩附石，造型美观，古树与穿洞中悬垂的钟乳石，地上的石笋、石柱，相互依衬，相互点缀，构成了穿洞内外的独特风景。

出穿洞门往姚家河方向走，右边是一片错落有致的梯田，左边则是一座高 120 米、宽 80 米的崖壁，白崖呈不规则的三角形，气势磅礴，崖壁直立，崖面颜色雪白，崖壁四周灌木丛生，风景优美。如此高大的崖壁仿佛是天然的铜墙铁壁。

依崖建有一栋栋木屋，干栏式的古朴结构，展现出了毛南族特有的古建筑风格。所有的木屋都背崖面山，天然的崖壁就自然成为了房屋的后墙。木屋的主人巧妙地利用天然的崖壁屏障，以及穿洞得天独厚的自然环境，将石磨、石碓等粗重家什安放在穿洞内，在优美的自然景观中增添了古朴的人文景观。

穿洞的右侧有一溶洞，洞中有许多悬垂的钟乳石，在光亮的照射下，晶莹剔透，美丽迷人。穿洞入口处是一个 30 米见方的大草坪，草坪上长有绒绒细草，开着各色野花，草坪边长满了丛丛灌木，即使是秋冬季节，灌木丛中也是一片青绿，生命的原色一年四季如春不变。穿洞这个不可多得的风景，是毛南族聚居区人与自然和谐相处的见证，也是这片土地上少有的人与自然共同发展的美丽风景。毛南族同胞巧妙利用自然环境，以及大自然鬼斧神工的妙手画笔，将这片土地上人与自然和谐共生的景观展现得淋漓尽致。

姚家河距平塘县城 54 千米，位于平塘县省级风景名胜区甲茶风景区的

疑似冰臼

上游，景区长近 15 千米，面积大约 50 平方千米。姚家河由一条很少看到水的河与两岸的高山构成。姚家河除了一条河谷，河谷两边均是陡峭高耸入云的大山。这里是典型的喀斯特岩溶地貌，石灰岩遍布，溶洞密集，平塘河流经这片土地时，河水突然遁入地下，使姚家河近 15 千米长的河床，有 7 千米成了干河，河中到处是沙滩和光滑的转石。人行河中，如履沙漠和戈壁滩，偶尔会发现东一凼西一凼的水潭，潭水清澈碧透，水潭中的鱼儿清晰可见，只有在四至六月丰雨季节，上游涨水的时候，整个河床才会看到有水流过。

姚家河两岸的山，属广西十里大山的边缘，人烟稀少，山势奇险，绵延几十千米不见炊烟，不见房舍。山坡、河谷，绿树成荫，遮天蔽日，且多奇珍异木，如红豆杉、红榉木等也常见到。而一种只有在姚家河河谷两岸才生长的珍稀竹种——钟竹，在这里生长得很茂盛。钟竹是难得的佳品，既可以做盆景美化环境，也可以连根挖起，去掉枝叶，做成老人们喜爱的拐杖。

姚家河是植物的宝地，也是动物的乐园。由于没有人为的干扰，动物得以在此繁衍生息，猕猴、黑熊、岩山羊、野山牛、麝、沙鸡、红腹锦鸡等珍贵动物仍常见到。一年四季，雀鸟啁啾之声不绝于耳，野兽唱和之声不断。

姚家河东西两岸各有一座山峰，被当地人称为牛郎山和织女山，一东一西，隔河相望，相缠厮守，呼唤千年。传说姚家河之所以会形成干河，

疑似冰臼

是因为牛郎和织女的痴情感动上苍，才
让阻隔他们相会的河水断流。尽管这只
是一种传说，但其中却蕴含了毛南族青
年男女们对美好人生的向往。尽管山
上少土多石，但经千万年的孕育，牛
郎山和织女山已经长满了郁郁葱葱的
绿树，那些树的根紧紧攀附在岩石上，
有的还顺着岩石，伸入山脚下的河床
中，在河床的底部紧紧相缠，同呼吸
共饮水，将牛郎和织女的深情故事一
代代演绎下去。

疑似冰臼

　　姚家河到处是溶洞，最著名的洞有
羊角洞、仙人洞、水洞、牛洞、马洞。
羊角洞的洞口在一高大笔直的半崖上，
宽大幽深，洞内有两条河流，一条流往
四寨方向，一条流往广西方向。贵州省
地矿测绘局曾数次深入该洞进行考察，
每次往返均一周以上，当地人也曾进去
看过，但由于没有充足的照明设备，往
往都只是走一小段就不得不返回。牛洞
是一条水洞，水大的时候可淹到几十丈
高的洞口，枯水期洞内可行船打鱼。

疑似冰臼

　　姚家河是一片未被开垦的处女地，
整个河谷都沉浸在一片原始险奇的气
氛之中，是观赏及旅游探险的不可多
得之地。

　　进入姚家河首先看到的是干河，即上游没有水的这一段河床。干河顾
名思义就是一条没有水的河，这条河里的水只有在春夏涨水季节才能看到。
当地的毛南族同胞说，这一段河床一年四季都很少有丰满的时候，甚至有
的人说几乎都没有看到水流过。也许是大家来看这条河的时间不对，也许
是这条河本来就很少涨水，所以才让很多人看不到它的丰满。我们在当地
访问了很多人，大家都说很少看到这条河有水，每次他们来到河边，都只

看到河床里形状奇异的怪石，嶙峋地充斥着近 7 千米长的河道，很难看到河丰水满的景致。如此说来，这一河的怪石就一直与四周那些满是石头的大山，随意地展现着喀斯特土地的野性。

行走在干河的河床上，我们还是在干涸的河道中发现了东一凼西一凼的水潭，而且这些水潭里还游动着一些大大小小的鱼。当地人跟我们讲了一个故事，一次，有几个人到一个被叫做滴水潭的水滩——也就是现在发现疑似冰臼群的那个地方打鱼，就差点丧命。那天天气晴朗，也没有听说上游下雨，那些人去打鱼的时候，晴空万里，根本没想到干河会涨水。那几个打鱼的人来到滴水潭边，刚把渔网撒下去不久，就听到上游传来了"轰隆、轰隆"的声音，声音很大很近，仿佛一块大石头正被一股巨大的力量推动着，滚动在河床上，让人特别害怕。有一个人就从滴水潭边跑到河坎上去看看是怎么回事。他刚跑到河坎上，就看到滚滚洪水正从上游倾泻下来，那一河的石头转瞬间就被淹没了。他急忙喊叫说涨水了，听到他的喊叫，还在水边的几个人连渔网都来不及扯，立即丢下手上的工具往河坎上冲，他们刚冲到河坎上，滚滚的洪水就从他们的脚下奔腾而过，再晚那么一秒钟，他们就会被卷入洪水中。

干河河道两岸绵延起伏着一眼望不到头的大山，大山与河之间，多处深切着 100 多米高的悬崖绝壁，河面宽不过 100 米，有的地段还不到 50 米，但是如果从此岸到彼岸去，就必须从下游走，而且要绕很长的路。从河这边看河那边的寨子，房屋、人、牲口以及炊烟都一目了然，但是要走到对面的寨子得花上 3 个多小时的时间。

疑似冰臼

疑似冰臼

　　发现疑似冰臼的地方是姚家河的干河段。干河的河道上，除了石头就是沙滩，间或就是一些小水潭。河道里雪白的石头、金黄色的沙滩在那些大小不一的水潭的点缀，以及两岸高山与绿树的衬托下，别有一番景致。春夏涨水的日子里，干河也会咆哮、凶猛和充盈，但那是极少有的，大多数的时间里，干河的水都从干涸的河床下悄悄流走了，一直流到下游的八湾才重见天日。干河疑似冰臼群位于河道中部被称为滴水潭的地段，那个地段由一整块长达300多米的岩石构成，岩石四周堆积着很多奇形怪状的硕大鹅卵石和一些沙滩，岩石上、卵石上又分布着圆形、心形、蝌蚪形、喇叭形等形状各异、大小不同的石臼。

石臼与岩石、卵石、沙滩一直是毛南族孩子们的游乐园，闲暇的时候，他们在沙滩上游玩，在卵石间搜寻，在石臼里捉迷藏，让脚印遍布在大大小小的石臼里，让很多欢乐洒落在河道上。

　　几百万年以来，干河疑似冰臼群一直被故乡的高山深谷所掩盖而不为人知，直到一群搞旅游开发的人走进这片深山，直到干河以其独有的魅力吸引来自山外的那些地质学家们，沉睡千百万年的干河疑似冰臼群才展露

冰臼

　　冰臼是指第四纪冰川后期，冰川融水携带冰碎屑、岩屑物质，沿冰川裂隙自上向下以滴水穿石的方式，对下覆基岩进行强烈冲击和研磨，形成看似我国古代用于舂米的石臼。它是古冰川遗迹之一。

　　一般冰臼口稍小，中下部较大，底多较平或呈锅底状微凹。其中较深的冰臼多呈口小、肚大和底平特征。口部上缘带有缺口（或开口），缺口有大有小，有深有浅。一般臼口宽0.3~2米，深0.1~2米。最大的直径达10.5米，深4.5米，最小的只有几厘米，似一般纽扣大小。

出风采。

冰臼在姚家河留下了一个足迹,演绎了姚家河形成的历史,同时也为古冰川运动在南方地区的存在提供了有力的见证。

姚家河疑似冰臼不光大小不一,而且深浅也不一,300多米长的河道上,各种形状的石臼排列着,大的近10平方米,小的直径还不到半米,有的独立成形,有的是几个相连在一起,组成一幅幅多姿优美的图画。浅的石臼只约一寸深,深的则好几米,有的装盛着金黄色的河沙,有的则装盛着清水,在沙粒、清水的点缀下,石臼更显得丰富多彩,色彩斑斓,引人入胜。

姚家河的疑似冰臼,被河水冲刷得雪白的鹅卵石,以及经河水冲刷而堆积起来的一个又一个沙滩,还有囤积在石臼里的一个又一个水潭,不光演绎了一段地质风景,同时也证明了贵州毛南族同胞生活的这片土地,有着久远的历史。

一路走来,穿洞、干河、山崖,都仿如一个个历史镜头,一边展现着优美的风景,一边演绎着久远的历史。这些镜头不光冲击着我们的视觉,同时还让我们重新去认识这片土地,重新挖掘生活在这片土地上的毛南族的历史,对这个生活在大山中的民族开启一个全新的认识。

疑似冰臼
....................●

"割耳"、入赘与老外婆
"GEER" RUZHUI
YU LAOWAIPO

● 两情相悦"割耳朵" ●

　　毛南族人的婚俗，就像盛放的各种花朵，在生活的河岸之上，让那开放的花朵，把芬芳交给一段漫长的旅程。

　　贵州毛南族人实行一夫一妻制，主要以族内婚为主，同姓可以通婚，但须在五服之外。过去，毛南族人在结婚前要请人严格地推排生辰八字，如果"八字相克"，即使男女双方父母关系好，男女青年双方有感情，也不能结婚。一旦结婚就有"嫁鸡随鸡，嫁狗随狗"和"姑娘菜子命，嫁落肥吃肥，嫁落瘦吃瘦"的约束。男女青年不许自由交往，自由恋爱。如有不听从父母之命、媒妁之言者，往往遭到父母暴力虐待，甚至撵打出门或强迫结亲。如今，有些青年男女互相爱慕，自由恋爱，私定终身，也还必须请媒人

出面说合，经双方父母同意方能成婚。这是必经的程序和必要的形式。毛南族青年男女玩表唱歌受到严格的限制，偶有青年男女对唱情歌，必遭父母兄长干预。毛南族人曾经有姑表婚的习俗，素有"舅家讨外甥，哼都不敢哼"的说法。结婚后有"走媳妇路"的习俗，婚后两三年内女方主要在娘家居住，参与娘家的生产劳动，只有农忙季节或者夫家近亲有婚丧大事及逢年过节，夫家派人去接才来短暂居住。一般住一两日又回娘家。如此往返两三年才在夫家定居。现在，毛南族人也按国家颁布的《婚姻法》规定的婚龄结婚，并且也不再有近亲结婚的现象。自由恋爱已很普遍，结婚后"走媳妇路"的习俗基本上不存在了。

　　毛南族人要结婚，首先必须经过"定亲"这个环节，也叫"割耳朵"。

　　毛南族婚姻中有相当一部分是由双方父母自行商定的"背带亲"和妊娠期双方父母预订的"胎儿亲"。不过这种情况要看孩子长大以后是否合适结婚。如果因升学、外出工作等原因不能结婚，双方父母及孩子也不会深究。对于男方父母中意的女孩，根据习俗也要请寨上有名望、能说会道的两个中年妇女做媒人，到女方家去求亲。一般要去好几次才能成功。女方父母再怎么满意男方家，也不能一口就答应，总得找出若干的理由来回绝。媒婆在了解女方家的意思后，就从男方家带一两封点心去，只要女方父母大方收下点心即表示默许两家开亲。此后媒人就得为两家互通信息，商谈彩礼、嫁妆、婚期、接亲等具体事项，直到男女双方圆满结婚为止。现在，即使是自由恋爱的青年男女，在结婚前男方家也得请媒人从中说合，协商接亲、送亲等具体事宜。

　　双方家庭决定开亲后，要由男方家选择吉日备办礼品前往女方家定亲。"割耳朵"的意思是先由媒人到女方家问清楚女方家近亲有多少家，男方家按数准备礼物。每家一个糯米粑，两封点心，两瓶酒。还

讨"八字"

"割耳朵"

要准备给女方的衣物，酒肉之类。由媒人带领男方近亲几位老人，一两个年轻姑娘携带所备礼品前去定亲。届时，男女两家近亲欢宴一场，并将准备的礼物由女方家按户分赠各位亲友。从此双方正式成为亲家，双方近亲也正式成为亲戚。这叫做摆了酒，定了亲，吃了糖，认了亲。

　　"割耳朵"是谈婚论嫁的基础。双方家庭在定亲后频繁交往，男女青年也开始接触，相互了解，感情不断加深。随着年龄增长，婚姻也提上了议事日程。但还要通过讨"八字"才能最终确定结婚的日期。讨"八字"要由"塘漂"择定吉日后由媒人通知女方家，若女方家同意，即可以讨"八字"。这一天，男方家邀约舅父姑爹等内亲八人、十人不等，前往女方家做亲家（女方同样邀约近亲在家等候）。请十多个（双数）男女青年抬着衣物、酒肉一同前往。所携带的礼品按双方商定的数量和要求来定，一般要有女方衣服若干套，以及皮鞋、袜子，还要有糯米粑、大米、酒、肉和敬对方祖宗的猪肘子、香烛纸钱、鞭炮等必需品。必须书写"桶子"（即红封），内装礼金，用来敬外家、敬乳母和开口银等，一般 6～8 个（双数）。所有礼物均要用红纸贴好，凡钱币类均装在红封中。"桶子"中,有一封为"庚书",书写男方生辰八字的称"乾",留给女方书写的称"坤"。同时准备两支新毛笔和一对墨(方条硬墨),也用红纸腰封。男方家一行人到女方家门口时燃放鞭炮,马上有女方家族人将所备礼品接去,摆放在堂屋正中神龛下的方桌上,由专人(阴阳先生)燃香点烛敬供祖先。请男方亲家进屋就座并安排吃饭。饭后,设席开封。女方家委托一位"主事"主持"发庚书"仪式。由"主事"将女方"八字"填写于男方家备去的"庚书"单上的"坤"位。"庚书"填好后,用碗盛装,上盖空碗,同时用相同的碗装满酒,上面也同样盖碗,一排八碗,请男方家委托的"主事"来讨"八字"。男家"主事"不知"庚书"放在哪个碗中,只能靠运气猜出。揭开盖碗如果是酒必须喝下,直到找到"庚书"为止。男家主事往往要连喝好几碗酒才能拿到"庚书",这是最热闹的环节。"庚书"找到后燃放鞭炮,庆贺双方喜结良缘。之后又摆筵席。宴后,全部青年抬着女方家回敬的礼物和"八字单"当日返家,其余亲家三日后方归。讨"八字"是正式举行婚礼前必要的程序。其实双方家庭在说媒和定亲的过程中已认真核对过男女双方的"八字","八字"合不合早已很清楚。当然,现在男女青年自由恋爱,婚前也要讨"八字"。但男女之间主要是讲感情,"八字"合不合已没有那么重要了。

男方家讨回女方"八字"后,请阴阳先生按双方"八字"推算,择定婚期,用红纸写好"报书",由媒人和男方家族一位老人送去女家,叫送"报书"。"报书"包括发亲时辰,即新娘出阁时间和由哪一种属相的中年妇女为新娘梳妆等内容。

从"割耳朵"到讨"八字",男女双方完成了婚前的所有准备工作,接下来就开始筹办婚礼了。

● 进门之前"坐拉棚" ●

毛南族结婚,讲究择吉。新娘出门、进门都要选择吉日良辰。毛南族女子出嫁多是半夜出门,出门时还得哭诉与父母、兄妹的难舍之情,并由亲兄弟背着出门,背着过桥。如果到了男方家,进门的吉利时辰还没有到,新娘子就要在拉棚里坐着等,所以毛南族女子结婚都少不了坐拉棚的经历，男方家门口用晒席临时围搭的棚子成了毛南族婚礼中的一道风景。

接亲嫁女是喜事，一般嫁女者宴宾一日，迎亲者则酬客三天。男方接亲前需要提前一天"过礼"，为女方送去事先商定的衣

过礼

物、鞋子、红布伞和女方酬客所需的烟、酒、肉、糯米粑之类的礼物。当然也可以折合钱币多少，送钱过去由女方家自己准备。接亲当天，新郎不必到女方家迎新娘，可选定代表去接就行了。接亲队伍由两名童男童女和两名命好的中年妇女（命好的标准是父母双全，育有男娃）、媒人、押礼先生及男青年若干组成。童男毛南话叫"哥热"，童女叫"孃热"，主要任务是接亲的三天中，负责招待陪新娘来的送亲孃和舅爷（女方的兄弟姊妹，好友）。去时要准备好一只煮熟的鸡、一方猪肉、一篮红糯饭、两个红鸡蛋和香烛纸钱等物，前去供奉女方家祖宗。必备红封4个，一把红布伞。午夜吉时，新娘临出门前抱头痛哭，诉说父母养育之恩、兄妹告别之情。"妈呀妈！今天妹我要离家，一来担心父母老，二来操心弟妹年小又贪玩，缺长少短爹来算，大挑小挑落妈肩……"哭腔要优美，抑扬顿挫，高低有致，声泪俱下，情真意切，入情入理，发自肺腑，感人至深。毛南族新娘的这一哭嫁形式很富戏剧性，一边是新娘在哭诉，一边却有歌手在唱歌。

> 妹我走到房门旁，一边还在哭我娘，
> 我娘劝崽不要哭，崽去前头奔新房。
> 孙我走到房门前，一边还在哭我爷，
> 我爷劝孙不要哭，孙去前头奔银钱。
> 妹我走到房门边，一边还在哭我爹，
> 我爹劝崽不要哭，崽去前头奔前程。
> 孙我走到房门旁，一边还在哭我奶，

兄弟背出门

新娘准备进门拜祖宗

我奶劝孙不要哭，孙去前头奔美景。
妹我走到神龛脚，一边还在哭我哥，
我哥劝妹不要哭，妹去前头好好过。
妹我走到堂屋中，一边还在哭我弟，
我弟劝姐不要哭，我姐长大应成亲。

新娘的哭诉持续一段时间后，开始有人去劝。劝停之后，由女方长辈主持在堂屋神龛下叩拜天地、祖宗、父母高堂、亲友等，由两位家族或近亲的老年妇女（均由"塘漂"先生按命学确定属相的人担任），牵着姑娘双手出门，再由亲兄弟背出村口（要撑开红布伞遮着走）。新娘前往男方家时，由近亲的男、女青年各四至六人陪同（俗称"送亲嬢"和"舅爷"）。一路上新娘不准回头看娘家，说是回头看娘家，娘家要受穷。如果在一个月内，有别的新娘走过的路段，必须绕道，或者由亲兄弟背着走过，或者骑在马上通过。不会骑马的新娘，至少也要叫人牵一匹马在前面踩路才能走过。过沟过桥时也要亲兄弟背着过。一路上走走停停，慢慢来到男方家。一般都会提前到达，为了等待吉时进门，就会临时安排新娘子坐在屋外临时搭建的拉棚内休息。

"拉棚"是男方家请人用晒席围搭成的简易棚子。搭建拉棚时要根据新娘的"八字"来选择方向，甚至新娘在里面坐着休息，脸朝向何方都有讲究。给新娘坐的是反放的粑槽，粑槽上面放着稻草。据说坐粑槽新娘才巴家，巴家就是爱家、顾家之意。新娘在送亲孃的陪同下在里面暂时休息，不能进食，头上盖"文雅帕"。新娘在选定的时辰进门时，由两个老年妇女（也是阴阳先生按命学属相定人），双双牵新娘手进门拜祖宗，拜了祖宗才算成了男方家的人。但新郎新娘不同时拜堂，也不需对拜。新娘进门时脚不能踩门槛，不能踢门槛，必须一步跨过去。进门后要在男方家堂屋磕头拜男方祖先，男方家老幼都要暂时出门回避。说是如果留在家中就会与新娘"碰脸"，以后容易闹矛盾，斗嘴。新娘进家后三天内不许出门，但也不与新郎同房。三日后新娘到男方家厨房看一眼，抬着水桶到井边，做挑水姿势后，把桶放下，即返娘家。

新娘坐拉棚的时间一般不是很长，拉棚在新娘进门后随即撤去。但在这段时间里，新娘蒙着盖头，不能进食，一般也很少说话，一个人静静地坐在反放的粑槽上，等待进门吉时的到来。毛南族婚礼中坐拉棚的习俗，或许是为了让新娘在面对人生重大的时刻，面对自己将要扮演的角色和将要承担的责任进行最后的准备，让她更有信心、更有决心迈过决定命运的那道门槛，去迎接自己的新生活。

花轿迎新娘 ●

迎新娘

● 拦门敬酒比歌喉 ●

在这个世界上迎宾的方式有许多种，或敲锣打鼓迎接，或列队欢呼迎接，而毛南族的迎客方式却是拦门"刁难"，要唱了"拦门歌"才能进入。

"拦门歌"是毛南族的礼俗歌之一，是毛南族婚礼中最具有代表性的"接老外婆进屋"所唱的歌谣。

"拦门歌"流传于平塘县卡蒲、河中、六硐、者密、甲青、吉古、摆茹、马场、上莫、甘寨乡等毛南族聚居的村寨，热闹欢快、诙谐有趣。

在成亲的第二天，老外婆（新娘的母亲）和受邀请的内亲女客若干人前往新郎家。行至新郎家村口平坦之地，早有数十位亲友邻居中的老年妇女及歌手迎候。她们用棕榈扇和烂斗笠为老外婆遮阴洗尘。其间的"笠帽盖顶"、"笠帽扇风"、"蒲扇拍打"、"蒲扇扇凉"、"笠扇端酒"、"肩滚斗笠"等动作，泼辣大方，姿势夸张，趣味性浓，给人幽默诙谐的感觉。然后，让老外婆坐轿。

　　"拦门歌"的"序曲"是"抬轿歌"。抬轿的和扶轿的分别是两对女扮男装的中年妇女，"轿夫"们边抬边唱道：

　　这个轿子花又花，专门拿来抬外家。

　　婆们走路辛苦了，来坐轿子本安然。

　　轿夫一头有一个，两边有人扶轿杆。

　　不歪不籤不翻轿，安安全全抬着玩。

　　这个轿子花又花，婆们坐着很好玩。

　　彩旗飘飞前面走，还有"八仙"（吹鼓手）吹唢呐。

　　轿夫吹哨"一二一"，大家笑得眉毛弯。

　　轿夫抬得闪三闪，喜好坐的就抬她。

　　有礼有节请上轿，表示热情把婆拉。

　　拉了要是发脾气，就把空轿抬回家。

　　到了目的地，老外婆准备下轿，早已端酒等候的歌手们唱歌迎接：

　　花花轿子软悠悠，抬婆抬到家门口。

　　双杯美酒来敬送，请婆下轿去家头。

　　每抬一个，"轿夫"就要唱歌"问"坐轿钱：

　　花花轿子本安然，婆你坐轿把钱拿。

　　坐轿先把价钱讲，几分一角随婆拿。

　　最多只要一元二，就把婆你抬到家。

接亲

新娘出阁

先有言语后买卖，保证个个笑哈哈。

如果有老外婆吝啬，不愿意拿，则歌声又起：

好歌我已唱得多，酒也拿来送婆喝。

请把轿钱拿送我，我们兄弟好回窝。

好歌我已唱几番，美酒婆你也喝干。

请把轿钱拿送我，我们兄弟好回家。

"轿夫"们得钱后，则唱歌多谢：

今天抬轿没得歇，多谢婆们送喜钱。

工钱拿去制轿子，下回婆来又迎接。

多谢钱来多谢妈，工钱拿去制轿杆。

等把轿杆制好了，下回妈来又抬妈。

　　抬完老外婆，男方家则在大门口门槛脚设一张大桌，举行"拦门"仪式，桌上摆放酒壶、酒杯、米花、糖果等，"拦门歌"以对答的方式唱，内容十分广泛，包罗万象。若对答不上，会令人觉得丢脸，故对唱要迅速正确，可连唱三四个小时，即兴编词，很是体现双方的智慧。

　　主人：风吹杉树摆枝丫，问妈过路去哪家？

　　　　　问妈过路去哪点？请来妹家喝杯茶。

　　客人：燕子飞过大石岩，画眉盘问哪乡来。

　　　　　妹是高岩飞鹞子，春暖花开妹才来。

　　主人：围腰飘带三尺长，恰恰拴来平衣裳。

抬老外婆

毛南族婚礼仪式中的双亲对歌

妈穿蓝衣套领褂，妈是哪家有钱娘？
问妈过路去哪点？请来妈家歌个凉。
倒杯凉茶送妈吃，唱首喜歌贺我乡。

客人：天上下雨下得长，妈家办酒闹洋洋。
听到妈家有喜酒，姊妹邀约来妈乡。
走到妈家大门口，妈你喊妹要开腔。
妹在妹家没学好，没晓拿做哪样唱。

主人：闻听妈你来妹家，一晚到亮睡没安。
天还没亮妹就起，急忙起来扫地下。
铜盆打水来洗脸，打开大门来望妈。
打开大门把妈望，时时望见对门山。
时时望朝大路去，妈在妈家没出发。
妈在妈家还打扮，妈你打扮来妹家。
妹讲路远妈难走，妈讲坡高也要爬。
妈你来到大门口，抬张桌子把门拦。
抬张桌子拦门口，还有好客坐在家。
等妹把客安排好，慢来迎接妈进家。

客人：妹是半天飞白鸽，一飞飞来妈家落。
走到妈家大门口，汗水没干喊唱歌。
心中无歌哪样唱，嘴在唱歌心难落。

毛南族婚礼仪式中的双亲对歌

　　　　　　妈有好歌教给妹，同心合意过大河。
主人：喜家请妈来当婆，前门跑到后门说。
　　　　前门跑到后门望，望妈接亲来几多。
　　　　没来多来没来少，妈来八个合一桌。
　　　　一路教歌一路唱，起同起来落同落。
客人：昨晚起念来妈城，梦见妈家闹尘尘。
　　　　神仙过路送妹过，玉石搭桥送妹行。
　　　　走到妈家大门口，又有装烟倒茶人。
　　　　妈家仁义实在好，妈家仁义传北京。
主人：妈你来到妹的城，红纸写字去请人。
　　　　红纸写的是帖子，帖子请妈进大门。
客人：妹我今天初初行，初初来到妈家门。
　　　　多谢杯来多谢酒，多谢妈准进家门。
　　　　……

　　歌曲是完整的五声宫调式，与热情隆重的迎接氛围相吻合。歌声此起彼落，笑声朗朗，场面热闹非凡，直至双方情酣意醉方休。这一问一答，十分有趣又耐人回味。这故意刁难，"拒绝"客人进入，实际上是为了逗趣，是为了展示主客双方的聪明才智，将浓浓的亲情融入优美的歌声之中，融入喜庆的婚礼之中。

其实，老外婆以歌作为进门的"钥匙"也仅仅是第一关。进门后，主人家安排酒席给老外婆吃。上菜前，要唱小菜名盘歌。主人唱道：

讲妈听来说妈听，请妈来猜小菜名。
什么出土如箭杆？什么生来像根针？
什么生来像根线？什么生来像口琴？
什么生来有帽戴？什么煮来血淋淋？
什么生来胆子小，躲在土中不现身？
什么生来胆子大，长在山中一林林？
……
喜家小菜摆完了，请婆一一答分明。

主人所盘的小菜名歌有二十多种，把小菜的特征融入歌中，要老外婆一一解答。老外婆也不示弱，随口答出：

讲妈听来说妈听，请妈听答小菜名。
分葱出土如箭杆，火葱生来像根针。
豇豆生来像根线，豌豆生来像口琴。
茄子生来有帽戴，苋菜煮来血淋淋。
萝卜生来胆子小，躲在土中不现身。
笋子生来胆子大，长在山中一林林。
……
主家菜名答完了，有请主家辨分明。

盘完小菜名，主人随即上菜，却故意上一整只鸡，又要老外婆与主人唱鸡的盘歌。主人唱道：

讲妈听来说妈听，雄鸡报晓要开声。
不说雄鸡由自可，说起雄鸡有根生。
自从盘古开天地，三皇五帝制乾坤。
天上哪人法力大，唤起仙鹤来造鸡？
手拿鹤蛋多少对，口吹仙气蛋成鸡？
鸡崽生下就吃米，全身穿上五彩衣。
……
一只飞往山中去，山里取名叫啥鸡？
一只飞往竹林去，竹林取名叫啥鸡？
一只飞往草原去，草原取名叫啥鸡？

一只飞往田坝去，田坝取名叫啥鸡？

剩下拿来家中喂，家中取名叫啥鸡？

我们精心把鸡喂，杀来招待客人们。

盘子装鸡席上摆，又拿红纸要鸡身。

雄鸡还要刀来切，哪有席上"打圆图"（吃整个）。

雄鸡根由说完了，请婆一一答分明。

婆把盘歌答完了，好请厨师把鸡分。

主人的"刁难"并没有难住老外婆，她们以自己的聪明才智，应对自如，答案脱口而出：

讲妈听来说妈听，雄鸡报晓要开声。

不说雄鸡由自可，说起雄鸡有根生。

自从盘古开天地，三皇五帝制乾坤。

天上王母法力大，唤起仙鹤来造鸡。

手拿鹤蛋十八对，口吹仙气蛋成鸡。

鸡崽生下就吃米，全身穿上五彩衣。

……

一只飞往山中去，山里取名叫山鸡。

一只飞往竹林去，竹林取名叫竹鸡。

一只飞往草原去，草原取名叫野鸡。

一只飞往田坝去，田坝取名叫秧鸡。

剩下拿来家中喂，家中取名叫家鸡。

我们精心把鸡喂，杀来招待客人们。

盘子装鸡席上摆，又拿红纸要鸡身。

雄鸡还要刀来切，哪有席上"打圆图"。

雄鸡根由说完了，请婆一一答分明。

婆把盘歌答完了，好请厨师把鸡分。

老外婆答完，厨师随即将鸡端回厨房切碎。

菜上齐了，老外婆却没有筷夹菜。原来这是主人故意不上筷的，还要出难题唱筷子的盘歌。若老外婆们答对了，才能得筷吃饭。主人"盘"：

讲妈听来说妈听，桌上筷子数不清。

不说筷子由自可，说起筷子有根生。

它是后园哪样笋？哪月盘牙哪月生？
它是哪年生长大？它是哪年长成林？
等到哪年它老了？扛起什么进竹林？
哪手扳来哪手砍？一刀砍断几多根？
拿给家中什么锯？锯去什么有中心？
不要长来不要短，要它几寸和几分？
走到哪里去请匠？走到哪里请匠人？
哪里匠人请来了？才把筷子削得成。
一削哪样跳下水？二削哪样跳龙门？
三削哪里三结义？四削哪样配观音？
五削哪样来戏水？六削哪样早同春？
七削哪里七姊妹？八削哪里八仙人？
九削哪里天河水？十削哪里好仙境？
从前削筷是哪个？如今分筷是哪人？
妹我不懂席上问，请婆样样答分明。

筷子盘歌，所盘的问题很多，必须要老外婆们全部回答。老外婆们也非等闲之辈。主人的歌尾刚落，她们的歌头又起：

讲妈听来说妈听，桌上筷子数不清。
不说筷子由自可，说起筷子有根生。
它是后园金竹笋，三月盘牙四月生。
它是一年生长大，它是一年长成林。

毛南族婚礼仪式中的双亲对歌

女扮男装扫街迎外婆

等到一年它老了，扛起什么进竹林。
左手扳来右手砍，一刀砍断两三根。
拿给家中锯子锯，锯去竹节有中心。
不要长来不要短，要它七寸和七分。
走到东边去请匠，走到西边请匠人。
两边匠人请来了，才把筷子削得成。
一削青蛙跳下水，二削鲤鱼跳龙门。
三削桃园三结义，四削童子配观音。
五削五龙来戏水，六削六合早同春。
七削天边七姊妹，八削天上八仙们。
九削天边天河水，十削天宫好仙境。
从前削筷是老者，如今分筷是主人。
筷子盘歌答完了，不知分明不分明？
筷子盘歌答毕，主人分筷给客人，主客双方入席吃饭。
席间，主客双方还要唱酒的盘歌才上酒。主人唱道：
酒药生在什么岩？什么时候去挖来？
挖得头棵什么草？挖得二棵什么柴？

拿到哪里洗一洗？拿到哪里挨一挨（磕一磕）？

什么时候拿来晒？青天渺渺怕啥来？

妹造好药盘（酿）好酒，盘缸好酒等婆来！

老外婆们随口回答：

酒药生在陡偏岩，什么时候去挖来。

挖得头棵灵芝草，挖得二棵绿豆柴。

拿到河边洗一洗，拿到家中挨一挨。

太阳出来拿来晒，青天渺渺怕雨来。

婆造好药盘好酒，盘缸好酒等妹来！

歌罢，主客双方互相敬酒，酒酣时候，主人歌声又起：

天下只有啥为王？要拿什么盘酒娘？

要拿什么做酒药？什么拌饭下酒缸？

要拿什么kǎng（方音）缸口？几天开来水汪汪？

"开火车"接外婆

乔装打扮接外婆

什么时候拿来烤？酒进坛中响叮当。
好酒端走房中搁，金壶打来银壶装。
今天拿来待贵客，贵客莫嫌酒不香。
问题围绕造酒来问，切合当时气氛，很有特点。老外婆们立即还上：
天下只有米为王，要拿大米盘酒娘。
岩姜芭草做酒药，酒药拌饭下酒缸。
三把稻草 kǎng（方音）缸口，三朝开来水汪汪。
三五七天拿来烤，酒进坛中响叮当。
好酒端走房中搁，金壶打来银壶装。
今天拿来待贵客，贵客莫嫌酒不香。
……

　　你一首，我一首，主客双方边吃边唱，直到筵席结束。

　　饭后，主客双方要彻夜对歌。对歌中，仍然有盘歌。如《事物盘歌》、《十二月盘歌》等。

　　在《事物盘歌》中，主人这样问道：

　　什么出东又落西？什么住在屋檐底？

　　什么站在树丫上？什么住在大海里？

　　什么盘脚崖上坐？什么半岩织绫罗？

　　什么会打天边鼓？什么会唱五更歌？

　　什么有嘴不讲话？什么无嘴吼高多？

　　什么有脚不走路？什么无脚走海角？

　　老外婆们则答：

　　日月出东又落西，燕子住在屋檐底。

　　雀鸟站在树丫上，龙王住在大海里。

　　猴子盘脚崖上坐，蜘蛛半岩织绫罗。

　　雷公会打天边鼓，公鸡会唱五更歌。

　　菩萨有嘴不讲话，锣鼓无嘴吼高多。

　　板凳有脚不走路，扁担无脚走海角。

　　在《十二月盘歌》中，主人这样问道：

　　正月里来正月正，什么点灯绿茵茵？

　　什么点灯起烟雾？什么点灯共条心？

　　……

　　腊月里来腊月间，什么开花在瓦檐？

　　什么开花在瓦上？什么花开了一年？

　　从一月问到了腊月，所问的事物多而复杂，但再难的题目也难不倒机智聪明的老外婆们，她们眼睛一眨，歌从口出：

　　正月里来正月正，菜油点灯绿茵茵。

　　桐油点灯起烟雾，蜡烛点灯共条心。

　　……

　　腊月里来腊月间，白雪开花在瓦檐。

　　白雪开花在瓦上，腊梅花开了一年。

　　你"来"我"往"，优美的歌声在深沉的黑夜里飘荡，在山村里游走，将婚礼气氛尽情渲染。

● 外家婚宴吃双席 ●

　　狗肉在毛南族人的生活中扮演着重要的角色，毛南族人不仅是在日常生活中喜爱吃狗肉，在招待贵宾时喜欢杀狗，做"狗崩"（狗灌肠），吃狗血煮的稀饭，而且在毛南族人举办重大礼仪活动的特殊场合，狗肉也是必不可少的"礼菜"。贵州毛南族有一个特殊的"狗肉敬外家"的习俗。毛南族过去曾有过"姑表婚"，而且普遍存在"舅权大于天"的观念，认为"子孙出在外家门"。因此，如果家中来了"外家人"就必须特别尊重，必须安排同辈人专门陪同，陪伴吃饭喝酒，言行不可怠慢，在酒桌上必须有一碗狗肉专敬外家亲人。

　　尤其是在举办婚礼的重要日子里，有一个接老外婆、老外公的环节决不可少。新婚女婿于婚礼举行的第二天要专门到外家接老外婆、老外公来做客。届时，岳母、岳父将邀约同辈族戚亲朋前往。一般是先接老外婆，专门安排人陪伴唱歌、喝酒，为期三天。然后再接老外公，也是三天。在这些特别的日子里，女婿对老外婆、老外公尽心款待，酒桌上必须有狗肉。若不杀狗相敬，会被看做是不尽礼仪，会被人议论。在女婿送老外婆、老外公返家时，还必须送一只狗腿肉到女方家去。

　　在修造新房时，也有很多讲究。毛南族人过去盖木结构的房子，外家要送去一根主梁，现在修砖混结构的房子，外家送的是堂屋的大门。即使不再送主梁和大门，外家也会专门准备一份重礼，在新房落成举

毛南族狗肉汤锅

办酒席的时候前往祝贺。此时外甥家一定要安排专人接待，而且杀狗热情款待以示敬重。

毛南族狗肉

关于狗肉敬外家的来由，毛南族地区还流传着这样一个故事。毛南族人的祖先，农闲时以渔猎为生。毛南族人捕鱼的技术很好，用一种细竹篾编的"竹稀拢"捕鱼，对鱼不会造成大的伤害。据传有一位先人，捕得了很多的鱼，一时吃不了，就把鱼做成火把鱼存放起来，以备待客之用。但苦于没有新鲜的鱼待客，他就挖了一口鱼塘，把鱼放在塘中喂养，有客人就可以到池塘里捞鱼来吃，非常方便。但是养在鱼塘里的鱼不时会被野猫等一些动物偷吃，有个别好吃懒做的人也会去偷。因此主人驯养了一条狗专门看守鱼塘，狗与主人十分默契，凡是倒披蓑衣来捞鱼的人，是经过准许的，可以捞鱼，顺披蓑衣或不披蓑衣来捞鱼的，是偷鱼贼，可以追咬。

有一次家里来了客人，主人家热情款待，主客心情高兴多饮了几杯，感觉醉了，有客人提出要吃鲜鱼汤醒酒，男主人因醉酒没办法去捞鱼，女主人只好自己到鱼塘边去捞鱼。这时天已黑了下来，下着小雨，女主人打着火把来到鱼塘边，因为不知道男主人驯狗的方法，没有按约定的规矩行事，顺披着蓑衣来到鱼塘边，看守鱼塘的狗一看装束不对，就扑了上去，把女主人咬死了。为此外家兴师动众前来问罪。因为是狗咬死了女主人，男主人就把狗杀了，将肉敬奉给外家来的人吃，以求谅解。因为外家来的人较多，每桌只得一碗，实在太少，太不成礼数，就又杀了一头猪，为了让敬外家的菜与其他宾客的有区别，他们认为猪的耳朵长在头上，肉质也很特别，与其他部位的肉有明显的不同。所以除了一碗狗肉外，另加一碗团团猪肉（切成四方形），上面放几片猪耳朵、一碗瘦肉、一碗油炸豆腐团以及其他菜，一般六到八碗，作为专门敬外家的菜，外家也就原谅了，此事圆满结束。后来演变为

狗崩

凡有婚嫁、新居落成等（但丧事除外），外家邀人来庆贺，必须增加狗肉和猪耳朵招待，称"敬外家"，一直流传至今。近年有较好的朋友来，也要用狗肉款待，以表示尊重，这可是最高的礼节。

在日常生活中，狗肉也扮演着不同寻常的角色。贵州毛南族一般是同家族、同姓的人家共同住在一个寨子里。如果族人、邻里间发生纠纷，族长、寨老在解决矛盾中发挥着重要作用。他们会把矛盾的双方请来，杀一只狗煮成火锅，边喝酒边吃狗肉边平息纷争，求得和解。因此，边吃狗肉边解决纠纷，化解矛盾，增进感情成了毛南族人调节人际关系的习惯做法。透过毛南族人食狗肉的习俗，用心感受毛南族人的日常生活，我们慢慢感悟到毛南族人吃一顿狗肉、喝一顿酒这一习俗的深层内涵。也许正是从最初的"狗肉敬外家"的传说开始，吃狗肉求和解，吃狗肉息纷争，吃狗肉促和谐，吃狗肉增感情逐渐成为毛南族人的共识。

● 子孙出在外家门 ●

妆郎，即为新郎举行仪式穿衣裳，叫外家"插花挂红"，是毛南族婚礼前必不可少的重要仪式，也是新郎到新娘家接亲磕头的前奏。

毛南族有"子孙出在外家门"的说法。就是说子孙有出息，是外家关心、爱护的结果。因而外甥的完婚也是外家的一桩大事。为此，外家要为即将结婚的外甥购买一套衣物，这些衣物有帽子、领带、衣服、裤子、皮带、袜子、皮鞋，更重要的是为外甥购买六尺六寸（象征"六六大顺"）或一丈二尺长（象征"月月红"）的红绸和上等的塑料花，邀约亲戚朋友前去祝贺。

妆郎，于婚礼前一夜在主家堂屋举行。参加人员有司仪、外公、外婆、舅妈、舅爷、姑妈、姑爹、其他亲朋好友和家门族下等。妆郎的程序是燃香点烛禀告祖宗、外家穿衣、新郎磕头等。仪式开始前，在堂屋神龛下的供桌上准备香、烛、糖、果、饼、酒、杯盘、新人衣服等。参加仪式的人员到齐后，司仪高念吉语请众人入座——

喜家堂中喜洋洋，三亲六戚进喜堂。

三亲六戚喜堂坐，贺喜新郎穿衣裳。

喜家堂屋四角方，霞光亮绽满中堂。

三亲六戚请坐好，贺喜新郎拜喜堂。

众人入座，司仪燃香——

今天日吉又时良，家有男儿要成双。

男大当婚女当嫁，至今依旧永传扬。

新郎求福要拜祖，请我堂上先烧香。

先请祖宗登龛坐，再请三亲坐两旁。

弟子手持三炷香，插在金炉放亮光。

迎请祖宗登宝座，子孙富贵大吉昌。

香结平安两个字，灯开富贵花一双。

宝鼎呈祥香结彩，银台报喜烛生光。

说完，司仪点燃香，将香插在神龛上的香炉里。接着点烛，边点边念吉语——

一对喜烛放红光，点在堂中照四方。

一点一支发富贵，二点二支喜满堂。

点上蜡烛，司仪在供桌上摆上三只酒杯，斟酒敬祖，说道：

主家造酒喜酒香，发明造酒是杜康。

平时造酒待宾客，今天造酒为儿郎。

今天中堂来敬谢，祖宗默佑福源长。

一敬天来天赐福，二敬地来地生香。

三敬祖宗来保佑，人财两旺发千祥。

司仪言罢，用小木棒敲击神龛上磬请祖宗，在"当——当——当"的磬声中说祝福语："恭维×氏门中后裔子孙×××，膝下之×子，择吉良辰将完婚，喜今宵三亲恭贺，为感天地之灵，祖宗之德，特备珍馐美味，糖食果饼，香花蜡烛纸礼于家龛之前，敬请×氏门中两代高曾远祖考妣、老幼先祖，请上神龛受之大礼，今晚为他举行妆郎礼，万望祖宗保佑大富大贵，特此祷告。"

说罢，烧五张纸钱表示请到了祖宗。

毛南族人认为，儿孙的婚事不光得到三亲六戚、亲朋好友和家门族下的帮助和支持，更是祖宗庇佑的结果，所以要燃香、点蜡禀告祖宗到场，以酒感谢祖宗，并一起见证这喜庆的一幕。

接下来，司仪请新郎到堂中："新郎入喜堂，喜气闹洋洋；新郎到位，发富又发贵！"

新郎就位，司仪诚请外家上前："天亮起来看天干，吃好早饭看外家，外公、外婆、舅爷、舅妈齐来到，两匹红绸大门搭，风吹红绸两边摆，摆来摆去红牡丹，牡丹上面结枣子，荣华富贵子孙发；水有源，树有根，子孙出在外家门，树大从根起，叶落要归根；娘亲舅为大，外家最为亲，今晚举行妆郎礼，有请外家换衣裙。"

外家派一个德高望重的老人走到堂屋中间，准备为新郎穿衣裳。司仪则高念赞美外家的吉语——

　　为人在世靠外家，买田制地靠沟拦。
　　田有沟路常坐水，郎舅外家是靠山。
　　儿子结婚要拜祖，要请外家先插花。
　　要请外家栽培后，子孙世代享荣华。

　　为人在世靠郎舅，买田制地要靠沟。
　　田有沟路常坐水，郎舅外家是靠头。
　　儿子结婚要拜祖，外家更衣要磕头。
　　外家辛苦栽培后，荣华富贵发千秋。

　　水有源头树有根，人有祖籍花有名。
　　万丈高楼从地起，子孙出在外家门。
　　家有儿女有喜事，郎舅外家值千金。
　　外甥求福要拜堂，要请外家先更新。
　　感谢外家栽培后，发福发贵发子孙。

为人在世讲根芽，水有源头树有芽。

万丈高楼从地起，子孙出在老外家。

家中儿子有喜事，郎舅外家是靠山。

外甥结婚要拜祖，要请外家先插花。

感谢外家栽培后，子孙世代享荣华。

司仪的吉语说出了主人的心里话，道出了对外家的感激之情，情真意切，爱意浓浓。说完，外家派出的老人接口说道：

我们来到门楼边，三亲六戚来迎接。

姑妈看见喊坐下，姑爹看见来分烟。

大爷叔伯来接待，送酒送肉到桌边。

家门族下来敬酒，外家喝得打捞穿（打趔趄）。

今晚举行妆郎礼，外家一样也没得。

妆郎

一点哪样也没有，外家是个穷舅爷。

没得哪样也来看，来看外甥结良缘。

毛南族是能歌善舞的民族，歌是生活中不可缺少的部分，即使说话，也是歌的展示，既押韵又很有寓意。老人这一段谦虚话，赢得满堂掌声。

在掌声中，穿衣开始。由司仪将衣服等整理好，递给老人。穿衣的顺序是从头到脚。司仪每递一样，在老人帮外甥穿时，就念一段祝福语。

换帽时念——

新人求福拜神龛，穿衣戴帽靠外家。

奉请外家帮忙穿，从头穿到脚底下。

外家送来乌纱帽，本是银针打细纱。

奉请外家穿戴后，子孙世代享荣华。

换衣时念——

新人堂中拜神灵，外家送衣件件新。

外家送衣件件好，尽是纯毛墨尔登。

今宵堂上穿戴后，明年必生状元人。

早生贵子把学上，荣宗耀祖显名声。

拴皮带时念——

外家送来玉带新，本是龙筋线织成。

堂上拴了此玉带，子孙必定跳龙门。

换裤时念——

新人堂上换衣裳，换了上装换下装。

从今姊妹同罗帐，明年必生状元郎。

今年三亲吃喜酒，来年又来吃酒酿。

坐凳换鞋袜时念——

好根凳子有靠山，拿送新人换鞋袜。

今天拜祖祖保佑，来年婆来煮汤粑。

主家祖宗有德行，先发人来后发家。

换袜时念——

外家送来新喜袜，本是银针打细纱。

从今幸福不忘本，念念不忘老外家。

养儿当思钱米贵，理应报答老外家。

换鞋时念——

外家送来新喜鞋，愿做夫妇永和谐。

从今幸福不忘本，孝敬老人莫忘怀。

夫妇和谐齐发奋，荣华富贵一齐来。

拴领带时念——

好根领带新又新，送给新人拜神灵。

感谢外家来穿戴，郎舅外家值千金。

从今幸福不忘本，时时记到外家情。

夫妇和谐勤发奋，黄土也会变黄金。

佩戴红时念——

新人求福拜祖宗，要请外家先挂红。

堂上祖宗多保佑，五子登科状元红。

戴花时念——

新人求福拜神龛，堂上戴红又戴花。

堂上祖宗多保佑，子孙中举享荣华。

穿戴完毕，司仪小结："外家换衣已毕，万事大吉，恭喜主家荣华富贵，祝贺新郎万事大吉！"

随后便举行磕头礼。由司仪说吉利语，带领新郎向天地、祖宗、父母、伯父伯母、叔父叔母、外公外婆、舅爷舅妈、姨爹姨妈、家门族下、三亲六戚分别鞠躬三次，对天地给予生存空间、对祖宗的庇佑、对父母的养育、对亲人的关爱和支持表示衷心的感谢。

磕头完毕，新郎向堂中老人、亲戚敬酒，歌手唱歌贺喜，最后燃放鞭炮，妆郎仪式结束。

整个妆郎仪式，是老外家对外甥婚事的赐福。声声的祝福，是浓浓爱意的流淌，是毛南族尊老爱幼的具体体现，展示了毛南族独特的婚俗文化。

男人出嫁别样情

贵州毛南族广泛存在的"招郎入赘"婚俗是一道亮丽风景，有其独特的形态、原因和现实的价值。

在毛南族聚居的平塘县卡蒲毛南族乡、者密镇的六硐、甲青等地，"招郎入赘"婚俗是普遍存在的。女方家中有女无儿，或缺少劳动力、家族势力弱，或父母认为自己女儿特别貌美乖巧孝顺，因此不愿意女儿出嫁，就招郎上门。或家中有男孩，能力和孝心不及女孩，因此把男孩"嫁"出去，留下女儿招郎上门，等等。而男方家由于男孩多，家庭经济困难，生活环境条件差等原因，甘愿送子去当上门女婿。"招郎入赘"既保证家族的传承延续，又利于后代的健康和人口的均衡发展，以及社会的和谐稳定。

毛南族"招郎入赘"婚俗由来已久，其历史可以上溯到清代。卡蒲毛南族乡甲坝村甲翁组一户石姓人家有一本保存完好的家族记事本，用毛笔字记载了该家族的婚丧嫁娶、起房造屋、买牛卖马、债务往来等家族大事，也记载了家庭日常开支，包括买盐、买酒等小事。记事本中就有清宣统年间招郎上门的记载。具体是一份因招郎上门归还田业、山场的"契约"和一份"招约"。

"契约"内容为：

立约人石光龙、石光凤为因先年堂弟石廷章病故所遗小女老艾一人，承蒙姑妈招呼，转来说合，将招婿顶代香烟。奈因前次石廷龙、石廷章所抵当田业我昔赎回，只念亲侄犹儿，特招婿为儿，自愿将所赎甲汝大小荒熟田业、山场树木、陆地概归夫妻管业，顶代石廷章先祖超荐。石廷章前亡后故，今空口无凭，立此送约为据。

宣统元年二月廿三日立送字

"招约"内容为：

立招约人抵翁石光龙、石光凤为因侄女幼失依怙，乏嗣宗祧，只得听从媒人说合，招到石老堵、石岩保胞兄石老九为入赘之子结配侄女名叫艾枝为婚，以顶故堂弟石廷章之香烟。自招之后，所有甲汝大小荒熟田业、山场树木、陆地概归伊夫妻管业，收花超莹。先人之前亡后故，一不准东走西逃；二不准引妻回屋；三不准浪闲败业。若敝倘有此敝，任我做主格外另招或改嫁。送主万不得异言滋端。此系二比自愿并非逼勒。今空口无凭，立此招约为据。天长地久说合媒人

×××凭亲族人×××等内族人×××。

宣统元年二月廿三日

关于"招郎入赘",在卡蒲一带,还流传这样的故事。

不知在哪个年代,一户石姓人家只生了一个女孩,而一户刘姓人家生的都是男孩。经说合,石、刘两家联姻。两姓族老议定:刘姓拿一个男孩到石家入赘,随女方改姓石,并按女方在家族中的排行拥有相应的家庭地位和社会地位,享有石姓男孩的一切权利、待遇,尽石姓男孩的一切义务,所生子女后代永远姓石,不得改姓还宗。后来,这一对夫妻生活得十分幸福,生儿育女,侍奉老人,一家人其乐融融,受到大家的称赞。此后,"招郎上门"被毛南族人家纷纷仿效,相沿成俗,成为贵州毛南族较为普遍的婚俗延续下来。

毛南族的"招郎入赘"实质上是"招儿上门",被招上门的男孩进了女方家之后要随女方改姓换名,享受当儿子的一切权利,恪尽当儿子的一切义务和责任,所生子女均随妻姓,不得随父改姓归宗。如果妻子亡故,可以再娶,其权利和义务保持不变。

毛南族"招郎上门"有这样几种形态:有女无儿的人家招女婿上门;有儿有女的人家,父母更喜欢女儿,情愿把儿子"嫁"出去当上门女婿,把女儿留在家中找意中人招郎上门;有儿有女的人家,儿子娶媳妇后自立门户,盖房另居,女儿留在身边,招郎入赘后与父母同住,尽儿子的责任;有儿人家,先娶媳妇,后嫁儿子,多因儿子娶的是独生女,不忍心让岳父母独居,在举行了嫁婆仪式后不久让儿子上门与岳父母同住,成为上门女婿。

选择上门女婿的方式有:男女双方家长相互选择,并征得子女同意后定下亲事;由乡亲们从中说合,家长、子女同意后定下亲事;男女青年互相接触交往后情投意合,征得双方父母同意后定下婚事。

毛南族人"招郎入赘"婚礼十分隆重。结婚当天,男方由亲朋相送,到女方家成亲。结婚当晚,家中大放灯烛,请族中寨老、族长饮酒围桌商议,按本族姓氏、女儿的字辈和在同辈中的排行,给上门女婿改姓换名。女儿排为老儿,女婿也排为老儿,从此就成了女方家的"儿子",同辈和他称兄道弟。即使他的年纪大于兄长,兄长也只能称之为弟,绝对禁止称"姐夫"、"妹夫"。以后,所生子女一律随母姓,永远不得随父改姓归宗。通过"招郎入赘"这种婚姻形式,实现了由女婿到儿子的角色转换,女婿既是女儿的"郎",又是岳父母的"儿",

顺利地解决了传宗接代、养老送终和财产继承等问题。毛南族人家的男孩到其他姓氏、民族的女方家入赘，如果已改成女方家姓氏名字，毛南族人家族中就不再排行他的名字了。现在，因为户籍管理规定，成人不能随意改变姓名，所以其他姓氏的男孩到毛南族人家入赘，可以不改自己身份证上的姓名，但必须按女方姓氏和辈分另起一个名字，在家族内部使用，所生子女仍要随母姓。

"入赘"的男子，不论在家庭中或在社会上，都受人们的敬重。有能力有威信的，群众可以推选他为村寨干部，享有和本地男子同等的地位。婚后如妻子过早去世，其本人有家产的继承权，并且家人必须给他另娶媳妇。毛南族的这种风俗，打破了"重男轻女"的旧习。凡在盛行"入赘"的地方，人们不论生男育女，都能视为传宗接代的继承者和养老送终人。

毛南族"招郎入赘"婚姻强化了女儿也是"传后人"的婚育新观念，有利于计划生育国策的实行，有效地解决了农村的养老问题，促进了毛南族地区的家庭和谐和社会稳定。

习俗有良俗、陋俗之分，毛南族"招郎入赘"婚姻习俗应是良俗，"入赘婚"既是古老的婚姻习俗，又是毛南族现行的婚姻习俗，从根本上解决人口性别比例失衡以及由此带来的社会问题。如今"入赘婚"模式仍然存在，并焕发新的活力，服务于毛南族的经济社会发展，现实意义巨大。

● 婚 事 圆 满 谢 大 厨 ●

毛南族的婚事通常要办三天，主客双方都很劳累。然而作为备办筵席的厨师来说就更加辛苦了。第三天上午，主人备办中午饭给老外婆们吃。吃完中午饭，老外婆返家之前，送亲孃必到厨房谢厨，谢厨就是唱歌谢厨师。

谢厨歌，毛南语叫"谢嘴"。毛南族结婚办喜酒前后为三天，第一天为男家正酒席，第二天是家门族下请客，第三天是主人家备办中午饭（毛南语叫"发脚饭"）。

厨师事先将好酒好菜分别装在碗里，用碗翻盖在上面，一般是16

到20碗不等，用大簸箕装放在灶上。歌手们先唱一些感谢厨师的歌，每人敬三杯酒，然后每碗唱一首歌，要唱出碗里菜的原料名称、来历、如何加工等内容，唱完一首开一碗，有多少碗就唱多少首歌，唱到全部碗揭开。赞美主人家好菜的歌声不时在厨房内回荡：

吃酒吃肉妹吃多，从来没吃kǎng（方音）盖钵。

从来没吃盖碗菜，试开一碗合（对）没合。

一开一碗龙抬头，二开二碗滚绣球。

三开三碗旗子颗，四开四碗冷拌油。

五开五碗腌肉片，六开六碗海带头。

七开七碗是豆颗，八开八碗是粉条。

九开九碗是扣肉，十开十碗是卷蒸。

十一十二开完了，妹我会吃没会分。

接下来歌手们要唱歌并一一撕掉每一件物品上的红纸。厨师事先将炊事用具及生产工具用红纸贴上，歌手们要唱出它的名称和用途。唱完一件物品就撕掉红纸条，要全部唱完撕完。

实际上，这也是毛南族婚俗中主人家"刁难"客人的内容之一，也是婚俗中必不可少的程序。若客人不唱谢厨歌，将会遭来一阵嘲笑。

歌手们唱感谢厨师和主人家帮忙亲戚这几天的操心劳碌的歌，意思是感谢他们如何辛苦操劳，赞扬他们手艺如何好，还要敬厨师每人一杯酒。最后把准备好的两瓶酒、两张毛巾、两块香皂、两包香烟、两盒火柴等送给厨师，表示对他们的感谢。歌声又起：

天又亮来天又明，手捏扫把扫金城。

前门扫到后门转，抬对水桶去下坑。（"下坑"意为到井边挑水）

一抬抬到大缸口，二抬抬到水缸门。

三抬抬到水缸倒，全部交代煮饭人。

手抱细柴来引火，急忙洗锅掺水行。

手捏大盆来泡米，急忙倒去锅中行。

手捏锅铲来试看，试看控成没控成。

手捏控箕来控饭，饭在控箕汤在盆。

手端汽盆来架甑，大筷夹饭甑中间。

急忙生火急忙蒸，急忙蒸成拿去分。

族下得吃做活路，亲戚得吃好回城。

在送亲孃准备出发，离开主人家时，他们还要唱些感谢的歌，以表谢意。

吃酒多谢主人家，吃了大坛到小坛。

上家下家妹多谢，全部多谢主人家。

吃酒多谢主人们，吃了大瓶到小瓶。

上家下家妹多谢，全部多谢主人们。

这样的感谢歌要与主人家的歌手互相对唱，送到寨子外直到看不见送亲客人的身影方才停下。

谢厨歌唱罢，主客分别唱离别歌。主人家的庭院内成了歌的海洋，一片暖意融融。

歌是毛南族人的魂，是毛南族人生活的一部分，是毛南族人表情达意的最佳方式。因此在毛南族的习俗中有这样的说法：唱的比说的好听。吮吸天地之精华、吮吸大山之灵气，毛南族人的歌更甜更美，并在生命的血脉里流淌，流淌……

DASHANSHENCHU
大山深处
DE
CHAODU
的超度

● 阴阳分隔两重天 ●

　　毛南族丧葬仪式看似神秘，其实也蕴含着许多宗教的色彩，而且它不仅仅是在追寻和讲述一个人一生的苦难，而是在帮助逝者及其后代，在心灵上寻找人生的善良和美好。毛南族在人生悲切的丧葬仪式中埋下人生的信标，在虚构的世界中种植梦想和希望。诚如岁月给一个人关上生命之门后，又打开了一个幻想之门。在这个门里，生命的幻想之花将会重新盛开，人的灵魂，人的信仰，人的追求，人的梦想，以及人一生未走完的路，未完成的事业，将在另一个世界里重新得到延续。

　　毛南族丧葬的很多仪式演绎下来，人们已经不再刻意去回想与逝者之间那种生离死别的悲伤，而更多的只是向往和关切逝

分花树

者未知的前程。丧葬仪式的寓意就是要告诉还在悲伤的后人：先人的灵魂已经踏上回转故土的路了，我们现在赶快要做的不是为他（她）悲伤，而要为他（她）感到高兴，要赶快为他（她）热闹送行，要用歌谣吟唱出逝者归宗的祝福声。

　　入殓是一个很重要的仪式。毛南族家中有人去世时，先放铁炮三响，告之亲族，寨邻听到铁炮声后，就知道某某家有人去世了，然后就做好去帮忙的准备，只待逝者家人上门告之后就前去帮忙料理逝者的后事。放铁炮过后，逝者的孝子（不一定是亲子，只要是逝者后代都行）就会头裹白布做成的"孝帕"，手拿"孝棒"，挨家挨户上门去请寨邻亲族上门帮忙。与此同时，逝者亲子手执一炷清香，拿着几个钱币去往水井边，将钱币投入水中，闭气反手舀水，拿回家烧热后，给逝者洗身、剃头，寓意是用最干净的"龙水"来洗身剃头，让逝者净身上路，不再有任何牵挂。然后由家人给逝者更衣（一般都是穿单不穿双），穿好衣将逝者置于火塘边，做好饭，让"塘漂"来请逝者的灵魂吃饭，意即要让逝者的灵魂吃好饭送上路。这些仪式都做完后，才为逝者举行遗体告别仪式，家人才正式向逝者遗体告别，逝者也才可以装棺入殓。

　　毛南族逝者的遗体在没有装棺前都是停放在火塘边，而装棺要在堂屋（正厅）举行，棺材也停放在堂屋，棺材的放置一律顺梁，不分男女，即逝者的脚朝梁根，头向梁尾。毛南族房屋结构一般分为三大间，火塘间，堂屋，厨房和杂物间。堂屋属于整个房屋结构的正厅，即最中间，和房顶是没有楼板相隔的，直接可以看到正中梁。梁在毛南族房屋中的摆放形式一般都是根在厨房方向，尾在火塘方向，现代建筑都是砖混结构，梁已经不存在了，摆放棺材的时候，一般都是头朝着火塘，脚朝着厨房。根据以上方向将棺材摆放好，要先扫棺材将逝者入殓。扫棺的寓意是，因为在打棺材的时候是选日子打的，一般只有偷修日才能打棺材，偷修日一年只有 8 天，即壬子、癸丑、丙辰、丁巳、戊午、己未、庚申、辛酉，这 8 天所有的神都在天上朝见玉帝，因此这天打棺材表示什么也不装，只是空放。由于闲置，有些野鬼由于没有房子住，未经允许就搬进去住了，所以必须扫棺，把野鬼赶跑，逝者才能入住。扫棺时用白纸包一包半米，点三根香，意思是用米魂将野鬼赶走，用香引路，让早先入住的野鬼鬼魂看见路出去，让出棺材。扫棺仪式结束后将香插在神龛上，然后用竹条，一般是男 5 根女 7 根，或者男 7 根女 9 根，用白纸把每一根竹条裹好斜放在棺材底，代表"床板"。"床板"铺好后，再将逝者入殓，盖好棺盖。做完这些后，再剪两条约 50 厘米长的白纸交叉贴在神龛正中下方，寓意是从现在开始，整个孝家忌荤，不吃油，老祖宗及近代死去的老人也陪孝子一起忌油。封好棺以后，孝女、孝媳以及逝者的近亲女眷们才开始痛哭，此时痛哭不光声音要大，还要不断地历数逝者的恩情和好处，场面越大痛哭得越大声，说明后代就会越发达。入殓结束后，写好牌位供奉，然后分花树。

　　"分花树"是毛南族丧葬仪式中很重要的一个环节，意思是逝者已经去了阴间，就让他一个人去，以后不能再来勾连还在活着的亲人，让亲人们在阳间好好过日子。分花树按年龄区分，36 岁以前叫分花朵，36 岁以后才叫分花树。分花树一般都是"塘漂"以歌谣的形式来唱念，从正月一直唱念到腊月，"塘漂"唱念时还有人在旁边打锣伴奏。

> 正月分花无花开，蜜蜂采花路难来。
> 枉自劳心空一季，可怜梅花傍雪开。
> 雪打悠悠花不见，好无日落背了街。
> 要想今后得见面，除非三更梦中来。
> 二月分花兰花开，兰花开放满园台。
> 晃晃悠悠不见面，好比雪在火中埋。
> 昨日花开红满地，今朝一枝土中埋。
> 皆是亡人命注定，今日阴阳两分开。
> ……

　　分花树的歌谣如泣如诉，荡气回肠，把对逝者的思念倾诉其中，把生者与逝者阴阳两隔的残酷无情历数得淋漓尽致。分花树与其说是强调与逝者不能有任何勾连的诉说，还不如说是思念的悼词更为恰当。

铜锣的回响，"塘漂"如泣如诉的声音，回荡出无边无际的遐想。在场的人耳边只有那如泣如诉的声音，无不在悲伤中隐藏着眼泪，哽咽着哭泣。

最后"塘漂"唱念道："再不相好，再不相侵，吾师今日来分散，千年万代不相侵。天灵灵，地灵灵，吾师手提钢刀，手下无情，倘若路上相逢着，伞沾生魂转家门。天皇皇，地皇皇，手提钢刀割断肠，千年万代化生郎。老人（童子）走忙忙，吾师逢五雷水一碗，隔断阴阳情，千秋万代永不逢。千言万语分过后，不许回来看后头。"此时，所有生离死别的愁绪，如一把钢刀，一下子就刺痛了在场亲人们的心，把心底压抑着的失去亲人的悲痛，真实地牵扯出来，用哭声渲染了仪式的高潮。

● 为了亡灵造个天 ●

天，这样一个悬浮在世人心底的宇宙，无数次在毛南族的葬礼上闪烁出其辽阔的胸襟。在毛南族为逝者举行的葬礼上，除了活动仪式，还有一些物质的概念，而很多仪式，都是关联着这些物质的概念来开展的。比如赶场，就是为了给逝者开创一个集市；比如铲盐巴，就是为了让逝者到阴间后同样也有盐吃；比如造天，就是要给逝者送上一片天地，让逝者尊严地走完最后的人生路。

在毛南族人看来，人和天一直有着千丝万缕的联系，这种千丝万缕的联系就像是人的躯体和自己的生命一样重要，有天罩着，人就是活着的，就有思想意识，就可以指挥自己的双脚去走南闯北。由于这个原因，毛南族人对"天"有着根深蒂固的崇敬。毛南族人相信，人的躯体

夺天

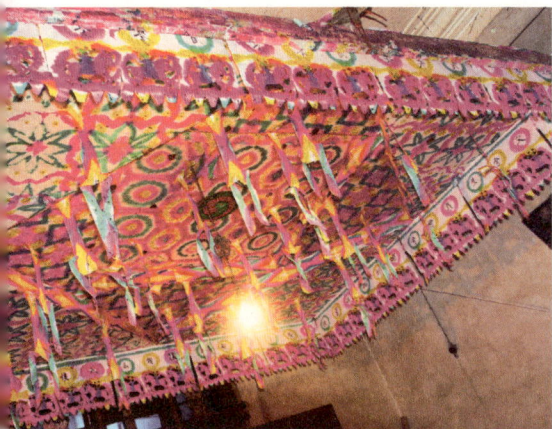

造天

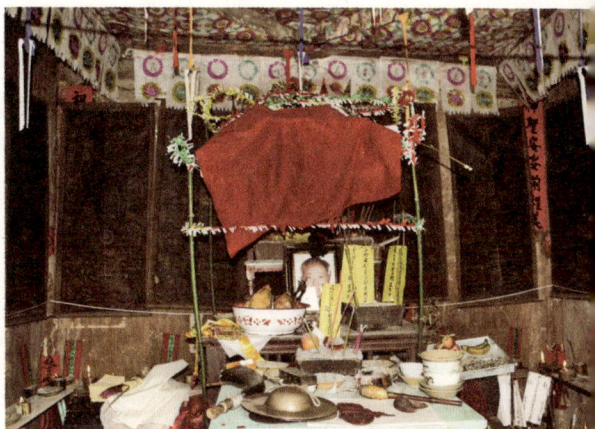

造天

死了，但人的灵魂是活着的，原来罩着躯体的那一片天，已经不能再罩着逝者的灵魂了，得赶快给逝者造一片天，造一片能罩着灵魂的天，罩住灵魂，让灵魂安歇。在毛南族人的心中，天不是一个固定的物体，而是一个概念，就像是一把火在寒冷的冬天温暖人的手脚一样，同样地，给逝者营造一个自然空间，让逝者在阴间也能享受在阳间的一切。逝者得到了"天"的眷顾，灵魂也就获得了光明和温暖。

　　天是毛南族人的一种寄托，寄托着毛南族同胞对人生的一种想象，也寄托着他们一贯的固执和坚守。很多无法对生者表达的思想，在造出来的"天"的概念中，人们都会将想象和人生最高境界的寓意安顿进去。人死后，灵魂是活着的，活着的灵魂才会配得上那五彩斑斓的天。而在那个天下，很多生前还来不及实现的愿望，很多生前得不到享受的东西，都能够得到实现。

　　毛南族"造天"都是在"塘漂"的指挥下完成的，不管男女，只要落气，首先第一件事就是造天。人死后，通过整容，更衣，铺垫"床板"，入殓，盖棺，最后将选好的天盖在棺材上端，意思是，不准见梁，将阴间的天和人间的天相隔开来。

　　毛南族为逝者造的天分为三层：第一层叫做"天星落果"，天星落果最中央有个太极图，阳的表示太阳，阴的表示月亮，边缘有些图案表示天星；第二层的图案表示云彩，云彩分为大云小云，第二层表示小云，即云套山；第三层表示大乌云，边缘有皱褶，即天脚，毛南语叫做"万店档"，是专门用来观测天色的，用现在的话说即天气预报。

这个"天"有天脚，有庆门。天脚是用白纸打成马的字样的小纸条，小条纸中间写有悼念和祝福亡灵的诗，这些诗有的是对亡灵表示哀悼，有的则是一些祝福的诗句，表示亡人骑着天马升天了，活着的人应该为他（她）祝福，也应该为他（她）高兴。庆门是天堂的大门，庆门中间画有琉璃瓦等装饰，两边有梅花鹿、虎、豹等动物，表示天堂是美好的，阴间与阳间一样，有各种动植物。人死了，不是生命的终结，而是灵魂脱离人间的劳碌，到天上去享受另一种新的生活。

造天结束后，围绕着逝者进行的追悼仪式都在"天"里进行，装殓逝者的棺材被罩在天内，就多了一层神秘感。在逝者未被送上山安葬前，在"天"里主持追悼仪式的"塘漂"，以及参加追悼逝者的后代，是不能吃荤的，只能吃素，且任何沾了荤腥的人都不能走进"天"中。其寓意是说逝者都已经离我们而去了，我们不能在他（她）面前胡吃乱喝，要吃素，这样才能表示对逝者的尊重，对上天的感激。还有一层意思就是上天的路很滑，如果逝者沾上了荤腥气，就很难再上到天堂了。

逝者出殡的日子是按历书来推定的，有的是三天，有的是五天或者更长，但都是单数。逝者在家中摆放多少日，人造的"天"就存在多少日。逝者出殡日，鸡报晓时，"塘漂"就会用一根竹竿把"天"戳破，表示逝者的灵魂已经顺利上天了，逝者的躯体可以抬上山去掩埋了。

毛南族造天的寓意，就是用一个想象的天，在一个斑斓的世界里安顿自己的精神。其更多的寓意就是为了在岁月的弧度里，在生命消逝的痛苦中，握住命运，握住未来的日子。

● 恭送亡人归故乡 ●

每一个民族都有自己独特的原生态风俗和文化，其风俗和文化大都通过语言、宗教仪式、民间歌舞、传统故事、谚语、笑话、民俗、衣食住行、婚丧嫁娶等方式来表现，只不过有的突出，有的次之，有的则不甚明显。丧葬文化是贵州毛南族原生态文化的一部分，其所表现的内容与本民族的人文历史、社会生活紧密联系在一起。人们从这些文化形态中，不但能够了解毛南族的生活状况和思想动态，还能够解读他们的人生际遇。

　　毛南族的丧葬仪式，细读起来，似乎就是一本大书，从历史的沿革到现代的人生历程，都能够在一种繁琐的仪式中得到体现，随着仪式步骤的展开，仪式会一层一层地慢慢揭开毛南族文化的奥秘，从而不断地展示和推进毛南族历史变迁的文化风采。

　　请魂是毛南族丧葬仪式的重要步骤。在毛南族看来，"魂"是一个人的根本，是人的精神支柱，人可以没有生命，但不能没有"魂"。魂是一种无形的魅力，既可以鼓舞人的意志，也可以消耗人的毅力。如果失去了魂，那就什么都没有了，连最基本的寄托都不存在了。毛

请魂

南族人认为，人活着的时候有"生魂"，即一个人夜间睡在床上做梦，梦游天南地北，尽管是 80 岁的老翁，还梦见青年时代的一瞬间，这就是生魂。生魂在人清醒后又重新回归到人的躯体上，支撑人继续白天的生活。那么人死后有没有魂呢？也有魂，但此时的魂已经脱离了躯体，因为躯体已经死去了，魂再也无法找到归宿。这个时候就得由活着的人来给逝者请魂，把魂请回来，让魂和躯体在一起，带上逝者的思想，一起踏上回归故土的路。

　　在常人看来，人死以后，与生命有关的一切活动都终止了，剩下的就是装棺入地掩埋，了结一生情缘。但毛南族人的祖先却不这样认

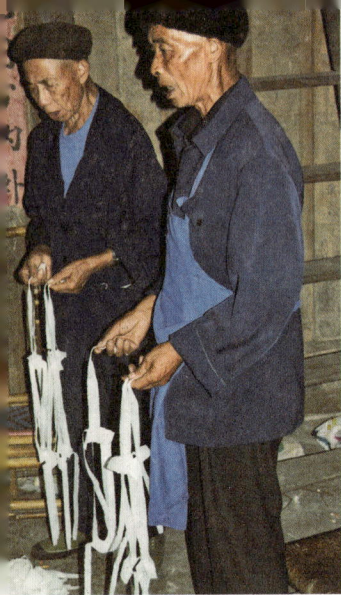

放买路钱

请魂

为，他们认为人虽然死了，但魂还在，因为没有活的躯体的支撑，魂就没了归宿，然后就到处流浪，这个时候必须要请魂，把魂请回来才能带着逝者躯体一起踏上回归路。毛南族人故去后，后人就会用招魂、请魂、喊魂、祈祷、许愿等方式超度亡者，整个丧葬过程都围绕"魂"字来进行。在毛南族人看来，不管举行何种悼念活动，尸体虽然不知道，但是魂是有感应的，魂能够窥视到活人给他们准备了哪些仪式，如果哪个仪式没有走到，魂就会不高兴，后人也不会心安。

毛南族的丧葬仪式都是由"塘漂"来完成的，过去毛南族的每个村寨几乎都有一个"塘漂"，专门主持丧葬仪式，组织人给逝者做道场。后来随着社会的发展，"塘漂"就变成了少数人的职业，而且人数越来越少，有时候方圆几百里地才有一个"塘漂"。毛南族没有文字，所有悼念亡魂的方法、悼念仪式上念的口诀，都是世代口传至今。所以要想做好"塘漂"，没有过人的本领是很难做到的，这也是导致今天毛南族地区的"塘漂"越来越少的原因。

请魂有两层意思，一是把祖先请过来参加逝者的仪式，接受逝者返祖归宗；二是为逝者开启上路证明，希望逝者能得到祖宗们的接纳。以其"面前书"（亡人带的证明是挂在胸前的，阴间地府的神看见了，就会开门准予通行，所以叫面前书）为例：

面前书

今具其年，奉安本府上官吉结：

今具公元×年×月×日×时，生享春光××岁。本府上官结，今奉平军内州江西佛祖，今结亡人石××，第一忠官宜，第二忠官通，第三忠官王，第四忠官王，第五忠官王，第六忠官王，第七平地官。奉平军吉结上官，结官内州到州，军金结交。×第几郎前到入力，并逢忠头地。正合速金正绿，足以传家思命、传身恩得为上官，结本府正绿、正寿、正享、户官、保印、上官结结。

特此证明通行是实

人逝去后，活着的人要将逝者装棺入殓，为了让逝者的游魂回归，毛南族在其葬礼上除了要准备一口大棺材为逝者装棺入殓外，还要准备一口小棺材，将亡魂请进小棺材里进行超度，到逝者出殡那天，再将小棺材绑在大棺材上一同出殡。

毛南族丧葬请魂的风俗文化十分独特。它不仅揭示了毛南族人文文化的独特精神所在，还揭示了迁徙文化的精神追求。其所昭示的精神不灭现象一直世代相传，生生不息，这种不灭的现象贯穿在毛南族人一代又一代的生活中，一直流传至今。当地毛南族人说，这种请魂的追思仪式，可以时时提醒他们的后代子孙记住祖先的恩泽，记住祖先迁徙前的故土。还有一层意思就是说，活着的时候，为了生活，毛南族人不得不四处奔波，死去后自己的魂就得回到故乡去，回到祖宗的发源地去。所以请魂也是毛南族后人"展示祖先名人，追寻根源所在；提示祖先身世，披露姓氏来源；继承先祖传统，过渡毛南族后人"的一种宗教活动仪式。

丧葬习俗——上刀山

● 灵魂归途的赶场仪式 ●

　　毛南族人死后要回到祖先居住的地方，赶场，是毛南族人送别死者的盛大仪式。通过赶场把给亡灵准备的所有东西交给它，让它安心上路，保佑后人。第一次看到毛南族同胞为逝者举行"赶场"仪式是在 10 月，在卡蒲毛南族乡的课寨。

　　10 月，行走在通往课寨的山路上，头顶天际纯蓝，云彩流动，身边微风吹拂，路旁林影生辉，小鸟在枝叶间穿梭鸣叫，牛群在山坡上嬉戏吃草，一匹被拴住的马儿昂首对空嘶鸣，稻浪在不远处随风翻涌，一切都那么自然，那么充满生活气息。凝望每一片田野，都感觉到丰收的富足。跟在去参加葬礼的人群后面往"赶场"仪式场地走，一路的唢呐呜咽，一路的鼓钹争鸣，伴随着长号的悠扬，不时还会听到说笑和争论声。这些人仿佛不是来参加葬礼，而是来参加某个集会和节日活动。人们轻松地谈笑，坦然地面对生死离别，坚信人死就是回归，就是回到原来祖先们居住的地方，去过另一种日子。来参加葬礼的人，就是来送他一程。就像是送自己的亲人去走亲戚一样，给他送点吃的、用的，送他上路，让他到那边去安心过日子，过好日子。

　　还没有走到仪式场，远远地就看到了两棵高高的竹竿，竹竿上用纸做成的旗幡在随风飘扬着，旗幡最下端的几绺纸须，在风力的作用下，已经缠绕在了一起。据说只有看到这些纸须缠绕在一起，才表示为逝者举行的所有仪式

立幡杆给亡人开通行证

赶场

赶场椎牛

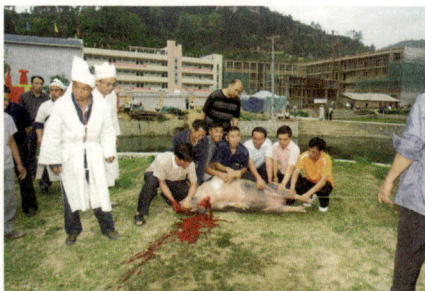

椎牛　　　　　　　　　　　　　　　　杀猪　敲马

很成功，逝者也才能找到回家的路。

　　"当——当——"这时，我听到一阵紧似一阵的锣声从不远处传过来。一大群人熙熙攘攘地穿梭在不远处的一块大坪子里，一个"塘漂"，一边敲着锣，一边用毛南语大声地唱着我听不懂的歌谣。"塘漂"的声音时而舒缓，时而激昂，手上的锣也敲得时而紧张，时而活泼。歌声与锣声的旋律伴随秋天田园的味道，蜿蜒着从耳际飘进了每个人的心底。在锣声的伴奏下，"塘漂"的咏唱变成了低沉委婉的诉说。走着的人群时而集中在一起，时而又四散而去，时而还看到有人拿着布匹，有人牵着牛马，有人挑着小猪、鸡笼，有人端着粮食……这样的场景，宛如一个熙熙攘攘的农村集市。尽管法师还在锣声的伴奏下如泣如诉地吟唱，但他的吟唱，在我看来，已经不足以再唤起人群的悲伤。陪同我的毛南族本地朋友告诉我，"塘漂"的吟唱并不是要唤起人们的悲伤，"塘漂"敲响铜锣也并不是要召唤大家的步伐，而是以锣为法器，警告其他的孤魂野鬼：今天的"场"是专门为死者开的，其他的野鬼不能靠近，靠近要受到驱逐。这么多人聚集到这里，就是来帮逝者开集"赶场"，营造集市气氛，场地内的人走动得越多越热闹，场面越乱效果就越好。

　　除了响亮的锣声，"塘漂"的吟唱被淹没在了嘈杂的人声中。场内场外的人群已经找不到悲伤的理由，场面混乱和鲜活起来后，失去亲人的悲伤浓云就被一场热闹的仪式冲淡了。引导这场仪式的"塘漂"，尽管仍在如泣如诉地吟唱，吟唱的歌谣听起来似乎也很悲伤，但吟唱的已经不再是亲人逝去的凄凉和苦涩，其发出的凄婉的词曲无非只是为了叙述一个过程。这一过程的产生起先是悲情的，是让人哀伤的，

毛南族丧葬敲牛仪式

盖牛脚印

但随着一些仪式的开展，哀伤就逐渐被其他过程冲淡和稀释了，然后让人生出对逝者的怀念，对逝者回归之路的理解。

"塘漂"的吟唱透着一种说不清的幻想，不光是我，所有在现场的人肯定都会被这种幻想所感染。然后不自觉地加入到"赶场"的人群中，去宣泄和追忆一种激情，去为逝者营造一个欢乐热闹的集市气氛。人的生命是珍贵的，但在毛南族同胞们看来，珍贵的生命并不是就此终结，而是选择另一个开始，然后重新回到原来的起点，再重新开启另一段新的生活。一个人的生命静止了，一种仪式又把静止的时间还原流动了，生命的勃发永恒地占据着这片土地，这片土地也让生命生生不息。没有死亡，死亡只是一种仪式，是放下人生痛苦的包袱，走向另一个圣洁世界的新起点。

● 生者对死者的敬重 ●

古老的仪式再现岁月的艰辛。在毛南族的葬礼上，人们用"铲盐巴"这个独一无二的古老劳动仪式，来告慰和安顿逝者的灵魂。从铲盐巴开始，逝者的灵魂就有了生的味道，逝去的岁月不曾留下什么，只有越来越久远的时光，带走那些艰辛的日子。幽怨的鼓声和呜咽的唢呐声持续响彻，逝去的灵魂仿佛就走在了一条看不见的路上，被一声声"忧，忧，忧"弄得心旌摇曳。

仪式似乎已经与死亡无关，铲盐巴再现了一个劳动程序，在历史的艰辛岁月里始终繁忙着。虽然逝者的生命已经沉寂，并将继续冰凉下去，但一声声"忧"的呼唤，一捧捧撒在竹篓里的盐沫，伴随着一丝不苟的铲盐巴动作，仿佛牵引生命的线条又紧紧握在了参与仪式的每一个人手里。逝者的亲属，旁观的乡亲，仿佛真的看见了自己的亲人，还活在一个看不见的世界里，生命并未终止，灵魂还在永生，灵魂带着生命，在重新复活的道路上，仍在一路奔波劳碌，一路高歌前行。此时哭泣已被艰辛的劳动场面取代，悲伤已被撒起的盐巴收藏，对逝者的思念藏进装盐巴的竹篓里，直到在远去的时光里悄悄冷寂。

铲盐巴再现了喀斯特土地上毛南族人生活的艰辛，再现了盐巴在毛南族人生活中的珍贵和重要。生活在贵州的毛南族同胞过去吃的盐巴，都是从四川运来的岩盐。岩盐是块盐，吃起来不方便，须重新加工成盐粉才好食用。运盐的艰辛自不必说，加工盐巴的过程也是极其繁杂和辛苦，铲盐巴的过程其实就是过去毛南族人加工盐巴过程的再现。

毛南族人认为灵魂不死，认为人死只是身体的消逝，其灵魂还将继续开始新的生活。既然要开始新生活，那么在阳间的生活方式，人死后去到阴间，仍得继续，在阳间的所有享受，在阴间仍应享受到。特别是对毛南族人来说十分珍贵的盐巴，更是不能缺少。岩盐不便食用，送给逝者的盐巴也要加工成盐粉。铲盐巴对毛南族同胞来说，也是一个很隆重的仪式。首先由"塘漂"指导开"闹窖"（即开工仪式），由两人从内室抬出一坛酒，抬酒时走路要东倒西歪，表示所抬的酒很有分量，足够很多人开怀畅饮。酒抬出来后，先由"塘漂"用毛南话

铲盐巴

进行祷告，祷告结束后，才能打开酒坛，由孝子执碗，跪着敬在场的逝者"外家"每人一碗酒。外家把酒喝下后，"塘漂"就分给在场的每个人少量盐粉。随后酒坛被抬到门前的院坝中（或者一块较宽敞的空地），院坝中还放着一只空竹篓。"塘漂"再次进行祷告（毛南族人叫交代——给逝者、给逝者的祖先、给过往的鬼魂交代一切事项，即准备要给逝者和先人们铲盐巴了，盐巴很珍贵，请收好，不要随便乱放乱丢）后，外家和"塘漂"先将手上的盐粉撒在竹篓内，每撒一次都要喊三声"忧"，连喊三次，随后众人开始铲盐巴。铲盐巴时，在场的所有人，每人手持一根 1 米多长的竹竿（象征铲盐巴用的"锅铲"），在"塘漂"的带领下，用手中竹竿在竹篓上不断拍打，边拍打边喊着"忧，忧，忧"。每绕着竹篓拍一圈，"塘漂"就会瞅准机会，带头把竹竿压在某"外家"人的头上，其余人就会让此人喝下三碗酒。喝下酒后又再次拍打竹篓，一圈后又让某外家人喝酒，由外家而扩展至在场的每一个人，如此往复，"忧"声震天，直到在场的人都微醺方散。此举之意是大家铲盐巴很辛苦，连外家人都来帮忙了，得盛情款待，要让大家在辛苦劳动之余，吃饱喝好，一醉方休。

　　毛南族丧葬仪式上的铲盐巴，以劳动的方式寄寓了心灵的寄托，把对逝者的思念赋予在一种仪式中，赋予在对生者的敬重上，通过向外家敬酒、撒盐巴、喊"忧"、铲盐巴等一丝不苟的方式，让灵魂永生的概念，生生不息地绵延在传统的思想中。

铲盐巴

铲盐巴

铜鼓咚咚祭亡灵

　　咚咚铜鼓，是隐藏在大山深处深沉的旋律，是毛南族人祭祀或喜庆的信号。

　　铜鼓是毛南族人古老、神秘的器物之一，是毛南族人传承自身文化的载体。

　　在毛南族人看来，一面铜鼓，就蕴藏着一段久远的历史，一面铜鼓就"讲述"了一个动人的故事。

　　在毛南族聚居地卡蒲一带，流传着铜鼓美丽的传说。

　　相传很久以前，马鞍山下的寨子里有一个年轻的后生。他父亲过世得早，从小与母亲相依为命。长大后，他以种地为生，日子过得还不错。一次，他上山打柴，看到猎人的套子套住了一只小獐子。只见小獐子忧伤地看着他，大滴大滴的眼泪流了下来。他心一软，就把小獐子放生了。回到家，他把这事告诉了母亲，母亲赞扬他做得对。晚上睡觉，他做了一个奇怪的梦：一个美丽的女子从天上款款飘到他面前，说自己叫童姑，是天上的仙女，因迷恋人间景色，迷了路，不想被套子套住。她感谢他的救命之恩，并说，在二层坡的出水洞中藏有答谢他的礼物，要他去拿回来，遇事敲击，可以聚吉驱邪，保佑家人平安。

　　醒来后，他半信半疑。但第二天，他还是爬上高高的大山，来到二层坡，进入出水洞。洞内金光闪闪，果然有

祭铜鼓

像木桶一样的东西搁在半壁上。他双手抱下，金光消失，用手敲击，声音洪亮。

回到寨中，他找来木棒敲击，声震四方。村民们纷纷前来看稀奇。

在这激昂的鼓声中，大家跳起了优美的舞蹈，脸上洋溢着幸福的笑容。

因为礼物是童姑所送，大家便称之为"童姑"，后来就逐渐演变为"铜鼓"。

一次，一户人家不幸失火，他敲击铜鼓，大家前来救援，老天也来帮忙，下了一场大雨。

一次，外族入侵，他敲击铜鼓，铜鼓声声，刺透心胸，让外族人不寒而栗，不战自退。

后来，他母亲去世后，他敲击铜鼓，送别母亲"告老还乡"去极乐世界。

从此，铜鼓就成了毛南族人的神圣之物。收藏时，用布包裹；使用时，举行"开鼓"仪式。"塘漂"小心打开布包，口含自家酿造的土酒，喷向铜鼓鼓腔，用绳索系铜鼓侧耳，再用一根木棒穿过绳索，两人站立用肩抬着，击鼓人右手持用谷草包裹的鼓槌，左手持小木棍，站立在两人中间敲击铜鼓。击鼓过程中，站在右侧抬着铜鼓的人，左手持一个大簸箕在铜鼓足部（鼓腔外）小幅度前后来回地摆动，表示铜鼓声传得远。

毛南族丧葬击鼓仪式

在卡蒲毛南族乡，无论是丧事还是喜事，都离不开铜鼓，离不开这与毛南族人生活息息相关的"神器"。

有时铜鼓声敲响，是一年一度的火把节开始了。在黑黝黝的山上，在篝火通明的山寨院坝里，铜鼓声与铜锣声、牛角声、人们的"对骂"声融为一体，合奏出欢乐祥和的交响曲，将火光晃动、人声鼎沸，青年男女跳火把舞展示优美舞姿的除夕之夜演绎得热闹非凡。

有时铜鼓声敲响，山寨里的哭声也飘荡起来。铜鼓传递的是老人归西的信息。

起鼓

毛南族老人去世，按照严格规定要举行"开丧超度"祭祀仪式。"开丧超度"的法事包括引丧、赶场、送丧三部分。在这些丧葬过程中，"塘漂"必须使用铜鼓。

人死后，首先要装殓尸体。装殓结束后，用白纸条封棺木，顺梁摆在堂屋正中神龛脚，同时制作一小木匣，里面用纸钱铺底，用布剪成衣裤扎成草人放在上面，作为收死者魂魄的盒子（出殡后随大棺材一起出门）。引丧时举行"招魂"仪式，请死者魂魄进入小木匣。"招魂"时，敲击铜鼓，目的是为死者的魂魄娱乐（又叫娱尸）。

丧葬中的"赶场"，意思是在阴间为亡人造一个场，使亡人在阴间也与阳间一样进行贸易交往。小场三个摊位，中场五个摊位，大场七个摊位。摊位上摆放黄豆、瓜子、糖果等，表示此场非常热闹，物资丰富。做"赶场"法事前，要敲铜鼓，须敲三道。

敲击时，从鼓边敲起：

当当当当当当当当当当当……（由轻到重）

当当当当当当当当当当……（由轻到重）

当当当当当当当当当当……（由轻到重）

毛南族"开鼓"仪式

这是起鼓调，"当"表示击鼓边。接着敲击鼓心：

咚咚，咚咚，咚咚……咚（重）！

"咚"表示击鼓心，敲击完后，就进入第一道鼓：

当当咚，当当咚，当当咚！

当当咚咚咚（重），当当咚咚咚(重)，当当咚咚咚(重)！

当当咚咚（重）咚当咚，当当咚咚（重）咚当咚，当当咚咚（重）咚当咚！

当咚（重）！

这是第一道鼓的一部分，"当咚"表示此段鼓点的结束，也表示下一段鼓点的开始，鼓点有轻有重，或轻重相间，变化多样。以上内容，第一道鼓敲三次，第二道鼓敲五次，第三道鼓敲七次。鼓点的节奏没有文字或符号记载，全凭击鼓人头脑记忆。

第三道鼓敲毕，就进入"跪场"、"喊场"等程序，法事继续进行。

在"赶场"过程中，须跳打猴鼓舞。跳打猴鼓舞是在铜鼓声和皮鼓的伴奏下进行。跳"猴王出世"时，节奏为5/4，铜鼓和皮鼓的曲调如下——

锣鼓字谱 [5/4] 咚　打咚咚打

铜鼓心 [5/4] × ○ × × ○

铜鼓边 [5/4] ○ × ○○ ×

皮鼓心 [5/4] × ○ × × ○

皮鼓边 [5/4] ○ × ○○ ×

棒击鼓 [5/4] × ○ × × ○

棒互击 [5/4] ○ × ○○ ×

"咚"表示"铜鼓、皮鼓鼓心音，双棒击地音"，"打"表示"铜鼓、皮鼓鼓边音，双棒互击音"，"○"表示"休止符"。

跳"猴子敲桩"时，铜鼓、皮鼓这样敲打——

锣鼓字谱 [4/4] 打打　咚打　咚打　打咚

铜鼓心 [4/4] ○ × ○ × ○ × ○

铜鼓边 [4/4] × × ○ × ○ × ○

皮鼓心 [4/4] ○ × ○ × ○○ ×

皮鼓边 [4/4] × × ○ × ○ × ○

棒击鼓 [4/4] ○ × ○ × ○○ ×

棒互击 [4/4] × × ○ × ○ × × ○

　　鼓点指挥舞蹈动作，表演者双手持木棍相击与鼓点节奏合拍。鼓点节奏由慢渐快，逐渐变激烈。在整个打猴鼓舞中，铜鼓与皮鼓共同演绎祭奠亡灵这一凄婉主题。

　　老人去世后，客人前来吊唁"吃酒"，铜鼓与皮鼓同时敲响迎接，所敲铜鼓为迎宾调——

　　当咚，当咚，当咚……

　　意为"请坐，请坐，请坐……"

　　在送死者上山安葬时，"塘漂"要打倒鼓。意为送亡魂上前，警示生魂退后，其鼓点为——

　　咚咚当，咚咚当！

　　咚当！

　　安葬死者一段时间后，要"洗孝"，同时为死者开官名，表示死者到了阴间可以得官做。开官名时也须打铜鼓，其打法简单，如下：

　　当当当当当当当当当当当……

　　当咚，当咚，当咚，当咚，当咚……

　　此外，毛南族的铜鼓调还有杀牛调、断鼓调等，鼓点与节奏大同小异。

　　每一个民族都有自己独特的传统文化，毛南族也不例外，仅从铜鼓这一器物来看，其文化内涵是深邃的，是与众不同的，它深深地影响着毛南族人的生产、生活，伴随着毛南族人生老病死，一直到地老天荒，为我们留下了珍贵的文化遗产。

　　铜鼓咚咚，是大山深处回荡的旋律，是毛南族人生生不息的生命交响；铜鼓咚咚，昭示着毛南族人坦然面对生与死、苦与乐、笑与哭；铜鼓咚咚，昭示着毛南族历史和文化的血脉不断更新、延续……

● 孝堂哀乐送亲人 ●

八仙师

毛南族丧葬仪式上所用的乐器除了铜鼓、皮鼓、铜锣、长号之外，最不能少的是唢呐，吹唢呐的师傅在毛南族的丧葬仪式上被称为"八仙师"。

相传以前居住在贵州的毛南族，有一户姓孟的人家，在自己的院坝边种了一棵葫芦，这棵葫芦长得非常好，藤子越长越长，翻过围墙长到了邻家，邻家住着一个孤寡老太，姓姜。葫芦藤一直攀延到姜老太的院坝里，姜老太就在自己的院坝里搭起一个架子，让葫芦藤在架子上生长。后来长到姜老太院子里的葫芦藤，结出了一个大大的葫芦，葫芦成熟时，姜老太把葫芦摘下来送去隔壁给孟老太，孟老太推辞不要，说葫芦长在姜老太的院坝，应该归姜老太。姜老太说葫芦是孟老太家种的葫芦藤结出来的果，应该归孟老太。双方推辞不下，于是有人建议将葫芦分割为两半，各拿一半。有人当场将葫芦切开，从葫芦里面跳出一个小女孩。因姜老太孤寡一人，这个女孩就由姜老太抚养，又因这个女孩的根是在孟家，却又在姜家成长，就取名叫孟姜女。

孟姜女长到 18 岁的时候，有个乞丐，乞讨到姜家，是个孤儿，名叫范西良，经介绍与孟姜女成婚。可是好景不长，秦始皇修万里长城，到处抓人派物，范西良也难逃厄运，被抓去修万里长城，一去三年杳无音信。于是孟姜女决定徒步去到万里长城寻找丈夫。修长城的民工有 50 余万，她逐个询问。由于太忙，所问到的民工都敷衍说在前面，问到第 49999 个时说前面那个认识，他跟范西良是一个班的。孟姜女到前面去问那个人，那人说范西良由于饥饿劳累，三天前已经死了，埋在长城脚下。孟姜女痛不欲生，哭着昏死过去。哭声惊动了天上的太白金星，太白金星派一个神仙，化装成老太婆下凡巡视，看见兵差手拿鞭子，在催打民工，民工每个人都背着两三百斤重的大石头，在艰难地往城墙上爬，肩膀都磨破了皮。由于超负荷劳动，加上饥渴，民工们不断地倒下死亡，每天死的人不计其数。看到这些情况，老太婆就给每个民工发了一根红线，让他们用红线的两端拴住石头，把红线放在肩膀上，石头就不会直接压在肩膀上了（这根红线据说就是后来毛南族用来挑草的扁担）。得线的民工挑起石头来很轻，走起路来也健步如飞，而且一次还能搬两块石头了，三四百斤重的石头，挑起来也不觉得吃力，往返趟数也多了起来，更是免了鞭打之痛。

　　但是民工实在太多，有的还是没有得到红线，没有得到红线的民工还是受到了鞭打，遭到鞭打的民工，将此事告诉了官差，官差又传给了秦始皇。秦始皇下令收缴所有的红线，民工又回到痛苦之中，每天死亡人数不断上升。化装成老太婆的神仙回到天宫，将此事告诉了太白金星，太白金星也很为难，他既不能阻止凡间的皇帝修长城，又不能看着民工们受苦而不顾。最后他想出了一个办法，为了超度亡魂上天，就派了七个吹鼓手，在长城上吹。

　　唢呐声传到了长城脚，惊醒了哭昏过去的孟姜女，孟姜女为了悼念死去的丈夫及所有为长城而死去的人，要求加入唢呐队。但孟姜女是女的，唢呐队不愿接收，孟姜女却坚决要求参加，见实在拗不过她，其中有个师傅说，女的参加也可以，不过只能够在夜间吹，这样才没有人看见。这样唢呐手就由原来的七个增加到八个。由于这些唢呐手都是天上来的神仙，就被人称为"八仙

八仙师

师傅"。在毛南族的葬礼仪式上，一般都只有七个人吹，只有到了晚上，才多出一个"继奏清音"，而这个"继奏清音"就是孟姜女为纪念丈夫吹奏的曲子，其音调像极一个柔情女子的哭诉，在长长的暗夜里更能体现出生者对逝者的哀悼。

　　毛南族的丧葬仪式是不能缺少八仙师的，即使丧葬仪式结束，八仙师也还要滞留一天，帮助"塘漂"给主人家把家扫干净（扫家，即扫掉逝者和野魂带给这个家的晦气），重新安好家后才离开。透过八仙师在毛南族葬礼上的重要性，以及毛南族葬礼上对八仙师的重视，八仙师的来历与毛南族的历史渊源应该不是空穴来风。

　　在毛南族葬礼上，除了晚上奏响的"继奏清音"外，八仙师们吹奏的唢呐的调子大致分为：祝贺逝者往生的"万年欢"，即逝者生命终止了，辛苦劳碌也得到了解脱，灵魂可以享受极乐的生活了；其次是告知某某地方有丧事的"大过街"，过路人听到此唢呐声后就知道这户人家有丧事了，熟识的人会寻着唢呐声前往祭拜；三是告之孤魂野鬼的"小过街"，路上的孤魂野鬼听到此唢呐声后就会主动给逝者让道，让逝者的魂魄早早踏上回转故乡的路；四是寄托后人对逝者哀思的"哭调"，此唢呐调如泣如诉，寄托着后人对逝去亲人的怀念和哀悼；最后是"敬酒调"，即丧葬仪式结束后，给逝者敬酒（称为上花），送逝者魂魄上路，逝者魂魄走阴间，后代子孙的魂魄走阳间，从此不再和逝者有任何纠缠，重新好好过自己的生活。

　　八仙师在毛南族丧葬仪式上的表演，仿佛是为一个个逝去的灵魂吹奏出的安魂曲。"万年欢"斩断了依恋生命的流水，"大过街"、"小过街"照亮了灵魂回归的路径；就在"哭调"落下的时刻，"继奏清音"远远地缠绵着，灵魂与灵魂就渐渐向不同的方向走去。而八仙师的来历，不管是传说也好，还是史实也好，从另一个侧面体现出毛南族文化的历史根源，文化习俗的另类演绎和风情。所以，在毛南族人看来，八仙师的唢呐声是用古老的旋律来化解他们的痛苦和悲伤，用音乐为那些回转故乡的灵魂祝贺和送行。

● 打猴鼓舞的悲欢传奇 ●

"咚咚咚，咚咚咚……"

古老的毛南族山寨，一旦响起沉闷的铜鼓声和撼动人心的木鼓声，村民们就知道，一定又是寨上老人归天了。

"咚咚咚，咚咚咚……"群山肃穆，河水呜咽。木棒敲击铜鼓，木鼓的声音穿透黑夜，穿透沟壑，穿透肌肤，在大山之中飘荡，在山寨上空响彻，在毛南族人心里流淌。伴随有节奏的鼓点，毛南族独具特色的打猴鼓舞跳起来了。

卡蒲，是一片神奇的土地，是贵州省毛南族最为集中的聚居区。在这片总面积108平方千米的土地上，生活着12000多名毛南族人。多年来，勇敢的毛南族人民用勤劳的双手创造了悠久的历史，也创造了灿烂的民间文化，打猴鼓舞就是其中最典型的代表。

毛南族民间舞蹈打猴鼓舞，又叫猴鼓舞，毛南语"恣虠鞭"，发源于卡蒲毛南族乡甲坝村甲翁组，是毛南族群众在丧事习俗中，由巫师表演的民间舞蹈，流传至今已经有200多年的历史了。据说明洪武年间官军调北征南时，卡蒲石姓的老祖宗在江西就已经会跳了。打猴鼓舞反映巫术礼仪、丧葬驱魔、避邪求吉、敬奉精灵的内容。丧事是悲哀的，到了夜深人静之时，又是冷寂的。为活跃灵堂气氛，巫师除

打猴鼓舞演出场景之一
....................●

打猴鼓舞

打猴鼓舞

了做法事外，还要敲起铜鼓，打起皮鼓，伴着鼓点，轮流跳舞，将巫术祭祀仪式及宗教法事舞蹈动作结合起来，使整个舞蹈有着独特的艺术个性和鲜明的娱乐属性。表演时气氛肃穆，躬拜虔诚，表示对神灵、祖先的怀念与尊敬，表达鲜明的民族愿望，体现可贵的民族精神，反映毛南族的民风民俗。

　　在卡蒲，凡老人去世后，巫师按严格规定要举行"开丧超度"祭祀仪式，否则死者亡魂不能过瑶池进入极乐世界，必找阳间后人闹事作祟，使六畜不旺，五谷不丰，村寨不宁。只有"开丧超度"，才能"祭鬼祈福"。"开丧超度"一般在道场举行，其法事程序包括引丧、赶场、送丧三个部分。打猴鼓舞表演主要集中在赶场部分。

　　赶场，也叫做场，毛南语叫"日给"，是开丧中最隆重的仪式，于引丧第二天举行。

　　打猴鼓舞的表演形式有男子独舞、双人舞和三人舞三种形式，全舞共分三段：猴王出世，猴子敲桩，猴火引路。猴王出世主要表现毛南族的先人们迁徙途中历尽千难万险与暴风雨和猛兽搏斗的苦难历程，表现了毛南族先人自强不息的奋斗精神；猴子敲桩主要表现毛南族人在深山中顽强生存、艰苦创业的状况，以及勇敢、团结的精神风貌，展现了毛南族人繁荣壮大的情景；猴火引路主要表现了毛南族人不忘祖先遗愿，继承先人遗志，踏着先人足迹，奋勇前进的精神。

打猴鼓舞的表演，往往根据环境和表演者的情绪来安排，可长可短，一般 10 分钟左右。

表演场地设在堂屋或院坝。伴奏乐器为打击乐，以铜鼓和皮鼓为主，表演前，先吹响牛角，再吹大号，在鼓声中依次表演。

跳打猴鼓舞要使用表演道具，有铜鼓、皮鼓、木棍。铜鼓，系麻江型，主要特征是形体扁矮，腰起突棱，鼓身只有两节，太阳纹一般是十二道光芒，主体纹饰以游旗纹、符箓纹、十二生肖纹、鱼龙纹、莲花纹、串技花纹等为主；皮鼓是用泡桐树作材料，将中间挖空，蒙上黄牛皮（单面）；木棍用杂木树枝削制。表演时，表演者持双棍表演，在祭祀仪式中重演了死者生前从事种地、栽秧、薅秧、收割等劳动过程，真实地反映了毛南族人劳动生活的原貌。此外，还有木凳或竹编椅，用它代表树桩。表演时，表演者在地上和凳上跳上跳下，以滚、翻来敲击木棒，在鼓点伴奏下表演，动作幅度大，舞蹈语言丰富，表演幽默，热烈大方，常常吸引众多观众。

有关打猴鼓舞的来源，当地流传一则凄婉的民间传说。

相传很久以前，毛南族山寨有一个寡妇与三个儿子相依为命，生活在后山坡上。一日，寡妇拿出升子给老大，大钵给老二，竹筒给老三，叫他们上山采青枫籽，采满了才准回家。半天时间，老大、老二采到

打猴鼓舞
....................●

青枫籽回家了。而老三因在密林中摔了一跤，把竹筒底撞破了。但他毫无知觉，仍将青枫籽装入竹筒。天黑了，竹筒还是没有装满，并且又找不到出山的路。他喊哑了嗓子，哭干了眼泪……一连数天，母亲不见老三回家，急忙出门寻找，爬过了九十九座山，穿过了九十九片树林，趟过了九十九条河，也未找到三儿子。春去冬来，始终找不到。母亲不死心，仍然继续寻找。一天，她终于在最后一座大山的密林中发现了老三。但老三浑身已长满了细毛且已不会说话。他痛苦地向母亲比划：儿这副模样不能再回家了，就让儿在山上以石作床，以蕨叶作被生活吧，请母亲多多保重。然后转身跑进了深山老林。母亲回家后，由于思恋老三，不久就去世了。老大老二悲痛万分，将母亲遗体埋在对面坡上，日夜在家敲打铜鼓，哀悼母亲。铜鼓声传到深山，老三听到后，知道母亲长逝，悲痛万分，在山上大哭。铜鼓声启发了老三，他就在山上找了节树干，将中间掏空，蒙上兽皮，制成一面皮鼓，模仿铜鼓的节奏敲击起来，边击边舞，寄托他无限的哀思。皮鼓声日夜不停，惊动了乡亲们，他们偷偷来到密林边，模仿老三击鼓的舞姿跳起来。打猴鼓舞就这样流传下来了。所以，跳打猴鼓舞，皮鼓和铜鼓必须摆放在两边敲打。

　　古老的传说，犹如春雨，播撒在这片古老的土地上，生长出更多有声有色的故事，展示着更多神奇的奥秘。

　　打猴鼓舞有着自己独特的舞蹈特点。它独特的动态魅力，源于它奇特的律动规律，而奇特的律动规律形成了它整体动态的风貌，无论在表演场面上或动作特征上，都突出了粗犷豪迈、机灵朴素的特点。

　　在表演情绪上，打猴鼓舞呈现狂、野、粗、灵的特点。这体现了

打猴鼓舞演出时所使用的鼓棒

木鼓

生活在崇山峻岭的毛南族人不畏艰险、顽强生存的精神风貌，展示了毛南族人所具有的粗犷、质朴、憨厚、机智、灵活的性格特征。表演者双手各握一根木棍，左摆右晃，上下翻飞，时而双棍互击，时而转身飞击，时而膝下击打，动作古朴粗犷，敏捷刚劲，呈现出原始舞蹈的风格特点。

在表演动作上，打猴鼓舞呈现大、小、快、慢的特点。节奏主要用铜鼓、皮鼓打击乐来控制，以鼓点的强弱、轻重、快慢来展现舞蹈动作和变化，这种节奏在舞蹈动作中产生了大与小，快与慢，轻与重，动与静的对比，形成了起伏跌宕的变化，整个身体的动作服从于双腿的步伐和跳跃，动作自然流畅，极富韵味。

打猴鼓舞在全舞的表演中自始至终用双腿蹲跳，体现了毛南族人

打猴鼓舞演出场景

生活在山区林岭，腿膝灵活的特点，以及毛南族人的生产方式、生存环境和生活习惯。双起双落、双起单落的腿部跳跃，脚掌有力地不停轮换跳起跳下，身体随之起伏，双手和头部变化各种动作，但重心始终是在双腿之间，动作古朴刚劲，散发着独特的情韵。

在节奏上，打猴鼓舞的打击乐节奏有 2/4、4/4，但其核心部分是 5/4，这种节奏非常少见，即一个完整的动作是用 5 拍来完成的。根据毛南族人的习俗，表演打猴鼓舞的铜鼓和皮鼓必须放在表演区的两侧，不能摆在一起敲打，这是区别于其他民族打击乐表演的又一特点。

打猴鼓舞有着多方面的研究价值。它展现了鲜明的民族愿望，是毛南族社会生活和经济的一定反映。历史上生产、文化欠发达的毛南族人对大自然的认识依然存在着许多万物有灵的原始思想，所以他们向神献舞，求神保佑风调雨顺、五谷丰登、子孙发达、消灾祛病、纳吉降福，起到娱神作用，寄托毛南族人渴望美好生活的愿望。

它呈现了鲜明的民族精神。打猴鼓舞作为祭祀舞，跳时气氛肃穆，躬拜虔诚，表示了对神灵祖先的怀念与尊敬。崇拜猴子，因为猴子聪明机灵，英武不屈，有较强的团队精神和凝聚力，使毛南族人最终战胜各种困难而顽强生存，体现了可贵的民族精神。

它具有鲜明的表演艺术魅力。舞蹈有着独特的艺术个性，有着鲜明的娱乐属性。在毛南族聚居区，每逢表演打猴鼓舞，密密麻麻的观众围满了堂屋，围满了院坝，强烈的艺术魅力，吸引众多父老乡亲，激发了对毛南族艺术的喜爱，满足了他们的审美情趣。

它是毛南族文化的"活化石"。舞蹈保存了一些早已失传的猴子动作，特别是猴子的胸部动作，是研究毛南族民族文化、民族习俗的活化石，反映了毛南族的民风民俗，更为地域文化和毛南族文化研究提供依据，为研究贵州移民史和屯军史提供难得的资料。

打猴鼓舞的动作完全模仿猴子，拙朴雄健、活泼诙谐、热烈奔放。猴子狂、野、粗、灵的特点得到了淋漓尽致的发挥。随着鼓点强弱、轻重、快慢节奏的变化，舞蹈动作亦在变化，动作或快或慢，动作幅度时而大时而小。

表演中，一个演员将木鼓移到院坝中央，用木棍狠敲木鼓，"咚"的一声，似乎吓坏了"群猴"，大家匍匐于地，整个演出场地静悄悄的，仿佛连针掉在地上的声音都清晰可闻。忽然，其中一只"猴"悄悄站起来，用木棍轻击木鼓，其余"猴子"亦站起来，加入击鼓行列，击鼓节奏由慢到快，由弱到强。"猴子"围着木鼓，边击边转边发处"嘿嘿嘿"的吼声。动与静，抑与扬，犹如山洪与小溪，在天地间尽情地书写。

猴，是毛南族人崇拜的动物。几百年前，毛南族人的祖先迁徙来到卡蒲河两岸，山高林密，虎狼成群。祖先们学习猴子的团结精神，不畏艰险，顽强地生存了下来。

如今，毛南族人跳打猴鼓舞，往小处说，是再现了死者生前种地、栽秧、薅秧、收割等劳动过程，写就了死者一生的悲欢离合；往大处说，就是表示了毛南族人对神灵、祖先的怀念与尊敬，反映的是毛南族的民风民俗。

2007 年，打猴鼓舞被列入贵州省非物质文化遗产名录，2008 年，成功申报为国家级非物质文化遗产名录项目。

毛南族第八代打猴鼓舞传承人

"咚咚咚，咚咚咚……"

这动人心魄的鼓声，这勾人灵魂的鼓声，既是毛南族人对逝者的祭祀，寄托着对逝者的哀思，也是与动物演绎的悲欢传奇，以及毛南族人与祖先、与神灵神秘的对话……

● 孝堂哀歌传孝道 ●

孝歌是父母或长辈去世后举行丧葬礼仪活动时，孝男孝女或小辈及"塘漂"唱的怀念逝者，祈盼逝者护佑后代，祝愿逝者一路走好的孝敬长辈的歌。在丧葬礼仪活动中唱的丧事开场歌、开路歌、夫哭妻歌、妻哭夫歌等虽都与丧事活动有关，但却不能称之为孝歌。

在贵州毛南族的丧葬活动中，有在孝堂唱孝歌的习俗。每当夜深人静，歌师在孝堂悠悠地敲着丧鼓，如泣如诉地唱着追忆、怀念、祈盼、祝愿逝者的孝歌，深沉幽远的音调，发人深省的唱词，听来催人泪下。唱孝歌一般是在酬客的第二天晚上，在灵堂举办完点主、家祭、客祭之后，鸣放鞭炮，锣鼓齐鸣，唢呐呜咽，孝男孝女们在灵堂后屋哭灵，客人们逐渐散去休息了，只留下孝男孝女、主亲好友在灵堂守灵，这时在幽暗的烛光下，宁静的夜空中突然传来一阵"咚、咚、咚咚——咚"的丧鼓声，有一位"塘漂"在灵堂敲起了丧鼓（扁平的木皮鼓），悠悠的"咚、咚、咚咚——咚"中，"塘漂"用毛南语如泣如诉地唱起了孝歌：

唱孝歌 ·················●　　　　　　　　出丧 ·················●

孝歌本是古人兴，自古流传到如今。

今宵我来唱孝经，鼓响全家泪盈盈。

父母去世哀难忘，筑坟伴墓三年丧。

三年不吃珍馐味，披麻戴孝泪汪汪。

三年不敢上席坐，三年不摸手中杯。

三年不敢乐逍遥，三年不敢妻共房。

生下三朝把饭喂，细细喂来慢慢吞。

生下三年离娘抱，七岁八岁读书文。

头戴白纸孝父母，身披白衣孝双亲。

记得父母养育大，勤劳难报父母恩。

爹娘勤劳治家业，为儿修成大瓦房。

朝门修成八字样，后窗园内瓜果香。

买牛买马儿孙喂，置田置地儿孙耕。

父母不得半毫分，孝男孝女哭断肠。

午夜时分，孝男孝女又在灵前烧香、点烛、烧纸钱哭祭一场。接着主事的请"塘漂"和亲朋好友去吃夜宵，吃了夜宵后稍事休息，"塘漂"又悠悠地敲起丧鼓，唱起孝歌："双膝跪在灵堂上，四季花开无心望"，他按岁时节令顺序唱父母在一年十二个月中如何教育子女，艰苦劳作，和善待人，勤俭持家，希望儿女继承家业、兴旺发达。接着"塘漂"又从一更唱到五更，教育子女行要端，勤耕苦读莫贪玩，孝悌忠诚家声远，行善积德美名场。要"忠厚为人守本分，兄宽弟忍不相争，勤俭持家要谨记，公平正直不欺人"，"樵楼咚咚响五更，思念父母到天明"。这时天也快亮了，有不少人已经昏昏欲睡。

在丧葬礼仪中，唱孝歌是毛南族常见的一种习俗。唱孝歌的目的是对年轻人进行尊老尽孝的教育。通过唱孝歌对前辈追思、怀念，让后辈人懂得应尊重长辈、孝敬长辈，做一个有爱心、有孝心的人，使家庭和谐、兴旺发达、幸福美满。

唱孝歌一般有两种方式。一种是当事人直接在灵堂吟唱，如儿女哭祭父母、子孙媳妇哭祭长辈，往往是在回忆长辈的恩情时连哭带唱，情真意切，深深感到自己对长辈生前尽孝不够，悔恨自己没有尽到孝心。另一种是主持丧礼的"塘漂"吟诵亡者一生的德行，教育年轻人应该如何尊敬、孝顺长辈。总之孝歌以"孝"为中心内容，其主要作用就

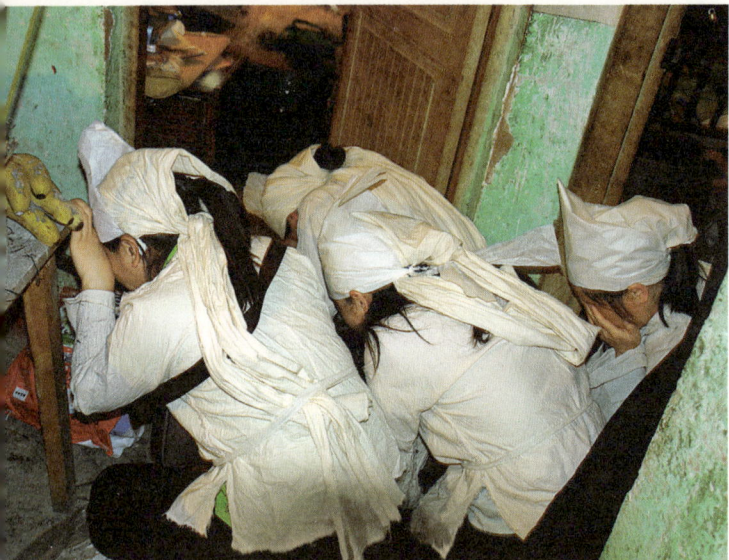

孝堂哀哭送亲人

是教育年轻人日常要尊老，尽孝，不然要被人们鄙视。

孝歌是人民群众在生活实践中集体创作的一种韵文体的民间歌谣。孝歌一般以七言为一句，也有五言一句的，每四句为一段，每首孝歌可长可短，长者有一两百段，短的只有十来段。由于每一段内首尾押韵（虽然押韵不是很严格，也可以在一首中一韵到底，也可以转韵），所以可以吟唱。虽然孝歌在吟唱时曲调比较简单接近于吟诵，但它在吟唱时每一段之间加上皮鼓敲打出节奏，使得吟唱孝歌显得舒缓凄凉而且悠远。

唱孝歌是毛南族社会进行"孝"的传统教育的一种有效形式。"孝"是中华民族传统文化中的一个重要的内容，在广大少数民族中历来就有尊老爱幼、尽心尽孝的"重生厚葬"的良好传统。在长辈去世后，追忆、怀念、感激长辈的恩德，抚育教养的辛劳，晚辈尽一份孝心，哭诉心中的悲伤。这是社会活动中进行"孝"的传统教育的一种具体而生动的方式，以发扬"孝"的美德，让家庭、社会更加和谐、安定、幸福。所以在丧葬礼仪活动中唱孝歌时，不但有不少老人参与，更多的是年轻人参加，人们往往通过参加唱、听孝歌的人的多少，看出亡人的为人、社会地位，这一家人"孝心"的多少、优劣。进行孝的教育，对建设社会主义精神文明，也有着积极的作用。

通过唱孝歌可以让年轻人认识本民族的发展史。孝歌的内容中有不少"灵魂不灭"、"万物有灵"、"封建迷信"、"医巫不分"等内容。当然也有民族迁移、家族搬迁、家庭发达、人丁兴旺的变化、发展过程。这些都是一个民族发展过程中经历的历史，在社会生产力低下，科学技术不发达的情况下产生一些人神不分，鬼神掺杂，迷信教神等思想意识是难免的，我们应该正确地科学地加以认识，这正是一个民族发展过程的历史印记，所以恩格斯曾说过："不懂得民间文学，就不懂得劳动人民的历史。"我们可以通过孝歌一些内容产生的根由，让年轻人知道一个民族发展的历史过程。

唱孝歌是丧葬礼仪中的组成部分，它可以充实、提升丧葬习俗的文化内涵。丧葬习俗中有良俗，也有陋俗，唱孝歌有宣扬"孝"的好内容，也有封建迷信的落后的东西。可以对孝歌进行去伪存真，择优弃劣的改造，使得整个丧葬习俗更加健康，文明。当然，孝歌也要推陈出新，不断发展，使它更贴近于现实生活，在丧葬习俗中起到移风易俗的作用。

● 阴间为官佑后人 ●

取官名，是毛南族丧葬习俗中的重要内容之一，是为男性死者另外取一个在阴间使用的做官用的名字。

相传毛南族祖先的一支队伍中有一名武将，英勇善战，领军在边疆作战，立下了赫赫战功。行军作战不干扰老百姓，不乱拿老百姓的东西。他去世后，为缅怀他，人们叫他"哀公"。"哀公"由此而演变成阴间的官名，有点像古代君主、诸侯、大臣、后妃等具有一定地位的人死去之后所取的谥号。

毛南族人为了纪念"哀公"，在他去世时，仿照他在指挥千军万马时摇旗呐喊的场面，制纸大旗、纸小旗、纸指挥旗、纸鸢等，哀悼他的英灵永存，同时还给他取官名，希望他在阴间也同样指挥千军万马作战，仍然保有大将风度。取官名，需要用黄牛来祭祀。传说因为当时没有黄牛，他的后人便去为富不仁的大户人家偷了一头水牛。偷回牛放在圈里，用葵花秆点燃烧焦牛毛，改变了牛的模样，变成黄牛。大户人家派人来寻找。牛关在圈里光线暗淡，找牛人看不真切，认为这牛不是自家的，便到别处寻找去了。

之后，逐渐演变为给男性死者取一个官名。毛南族人认为，死者在生对子孙关爱有加,那么去世后到了阴间当了官,也一定会庇佑子孙,所以必须要给死者取官名。若他自己在阴间过得好,子孙后代也会过得舒心。

取官名,是在死者安葬后举行。在堂屋供桌上摆设一只皮鞋,五件衣,五碗酒,长线杆,一升米,表示为死者设置一个"场"(集市)。由"塘漂"主持请魂,请魂要用毛南语念经文。大意是:你的魂魄在三千年前走出,我们招回,你的魂魄去到其他省市,我们也招回,你的魂魄在三十年前走出,我们也招回,你的魂魄在九十年前走出,我们也招回,你的魂魄去到天空,我们也招回,你的魂魄去到天脚,我们也招回。不管是天晴下雨,你的魂魄在何方,我们也招回,你的魂魄去寨子林中,我们也招回,你的魂魄去到山洞,我们也招回,你的魂魄去到田里地里,我们也招回……

念毕,随即组织人杀牛。杀好牛后,将牛的心肝肚肺下锅煮,用竹筷串上五串牛肉,作为祭品放在供桌上。

"塘漂"敲响皮鼓、铜鼓,调为:"当咚,当咚,当咚……"

意为"请,请到,请到,请到……"鼓声是邀请的信号,邀请家中已逝先人四个到场,加上死者本人共五人。已逝的四个先人所担任的角色是:"拿直"(证明人),"家风"(牵牛人),"店见"(撵牛人),"炮官"(往上报的人)——这是为了效仿当年"哀公"去世时偷牛的一幕,同时也告诫阴间和阳间,死者取名有诚意(以牛祭祀),所取之名有人证明,有报告之人。此外,还邀请家中之人到场,

杀牛取官名

根据死者生平事迹、品德修养、性格特点，取一个寓含善意评价的名字。如死者生前是文人，则取名为"维选"，生前是军人，则取名为"棒选"。

取名完毕，"塘漂"交代死者："今天用黄牛来给你取名，去掉你的学名，取你的官名；去掉你的小名，开你的大名，如果同意就按这样取名。"

说罢，"塘漂"连打三卦。卦分为阴卦、阳卦、顺卦。相同三卦一打出，就表示死者同意了。在场的人跟着"塘漂"一起唱贺歌——

羞啊羞，羞啊羞，羞啊羞，

东方啊文帝，念念得笔堂沙，念念得笔堂风。

南方啊文帝，念念得笔堂沙，念念得笔堂风。

西方啊文帝，念念得笔堂沙，念念得笔堂风。

北方啊文帝，念念得笔堂沙，念念得笔堂风。

嘿呀啊叫音，嘿呀啊脱颠，嘿呀啊脱粉。

嘿呀啊脱崽，当摆官，嘿。

歌声悠扬，欢乐气氛浓烈，表达了生者对死者的祝福和希冀。此歌连唱三遍，整个堂屋沉浸在浓浓的喜悦气氛之中。

歌声停止，筵席大开，邀请祖宗一起就餐后，"塘漂"念送魂调，恭送祖宗和死者"回家"，取官名就此结束。

官名取好后，每次祭奠只叫官名，而不再叫其在生时的名字。

杀牛取官名

HUOYULING

火与灵
DE
YAYUN
的雅韵

● 舞动火龙祈安康 ●

鼓声喧天，大号齐鸣。深深夜色中，毛南族山寨沸腾了。借着夜幕的掩护，毛南族火龙舞动起来了。鼓号声乐中，龙身翻飞，或舒展或狰狞，或粗犷或细腻，或庄严或诙谐，神形兼备，妙趣横生……

春节期间，走进卡蒲，目睹舞火龙的盛况，领略内涵丰富的毛南族文化，会让人印象深刻。

中华儿女是龙的传人，毛南族更是将古朴而神秘的"火"和"龙"结合起来，火龙便以其丰富吉祥的象征和深厚的文化内涵在毛南族中源远流长。"舞火龙"，古朴、神秘，内容丰富，融合了毛南族人民的生活和风俗习惯。"舞火龙"的风俗源于何时，现已无证可考，但可以肯定，这个活动是毛南族节日中最富特色的

表演节目。

做火龙用的材料有竹子，有毛南族自织的土布，红麻丝，桐油，蜡等，在做法和时间上都有严格的规定和章法。

整个火龙制作，必须要经过七七四十九天才完成。以后每次裱糊都规定九天完成。毛南族人以"九"为大，嫡承九龙治水、九州太平的说法。他们在织龙衣的时候，都许下了自己的良好祝愿。从龙骨和龙衣的制作、裱糊、装饰，到舞龙步法、姿态、鼓乐的节律以及整个舞龙过程都按传统规则完成，蕴涵着毛南族的文化精髓。

龙骨用竹子制作，其竹须为九年生金竹，象征久长久远。龙衣的制作更为考究，它需由族中德高望重的族老挑选老、中、青各三名共九位毛南族妇女编织土布做成。据说，凡是被挑中参加纺织龙衣的妇女，在织龙衣时所许下的心愿都能实现。

火龙龙须是用红麻丝精制而成，是火龙全身中唯一可以送人的镇邪至宝。在舞火龙时，毛南族村民们都希望抢到一根龙须，将其挂在家门口能保全家平安，拴在手或脖上，出门保四季平安，遇难呈祥。

龙身里的蜡烛是用桐油和硫黄配制而成，配制时，必须由族中八旬以上的健康老人专门主持"上咒语"仪式，有了咒语庇护，龙身里的蜡烛点燃后，才不会熄灭，才不会烧着龙身，还能驱邪祛病。

火龙

喷火

舞火龙时，人员阵容庞大，有地师（端公）、神灯童子、号手、牛角手、财神、玩宝手、金银水财神、玩龙手等，一条火龙，需要 32 个精壮的汉子。

舞火龙分为请水、舞龙、放灯三个程序。

"请水"是舞火龙最庄重的仪式。举行这个仪式时，总有许多的孩子在龙身下欢快地奔跑，妇女们背着她们年幼的孩子，也在龙身下穿过。毛南族人认为，母亲背着幼儿从龙身下穿过，孩子就会百病不生，健康成长。

请水就是把龙从水中请出来。龙生活在水中，舞龙就必须把龙给请出来，以示对龙的崇拜和尊重，祈祷龙神庇佑来年风调雨顺。

请水前设神坛，就是在河边摆上香花、蜡烛、水果、刀头、利席（钱币食物）、酒钵等恭候龙神的到来。有一只鼓乐队，由鼓师指挥，鼓乐队有牛角两只，大号一对，锣鼓若干。舞龙人将龙抬在河边排好队。

"呜——呜——呜——"地师的海螺吹响了。请水仪式正式开始。地师用海螺发出三长号声，接着用洪钟般的声音念唱歌诀：

奉请地脉龙神、公龙、母龙、子龙、孙龙，五湖四海九江龙王，送水童子，迎水郎君。东方青帝食水龙王，龙母夫人，南方赤帝，食水龙王，龙母夫人，北方黑帝食水龙王，龙母夫人，西方黄帝食水龙王，龙母夫人，四方四帝食水龙王，龙母夫人到来，涌起江河之水，洞庭之水，天上之水，伏望保佑来年风调雨顺，五谷丰登，国泰民安，六畜兴旺。

请完江河湖海之水以后，请雪山之水。请水仪式还是由地师高声

唱念歌诀开始:

奉请雪山里万先师,东方雪山大将,南方雪山大将,西方雪山大将,北方雪山大将,中央雪山大将,赐我一杯雪山水,请得龙来龙献爪,请得水来水结冰,一更下冷露,二更下霜露,三更下大雪,四更雪上又加霜,火高一尺,水高一丈,水淹天上。

地师口中所念之词,内容分为两部分。一类是奉请东南西北方的所有龙神、龙王用江河水、天上水保佑来年风调雨顺,五谷丰登,国泰民安,六畜兴旺;一类是奉请雪山里万先师、东南西北方等雪山大将赐一杯雪山水。请到雪山水后用其喷在龙身上及龙须上。这样,雪山水喷过的火龙就不会起火燃烧。

地师喷过水后,两旁几个手执牛角、大号的吹手,嘴唇拢圆,腮帮鼓动,霎时角号齐鸣,穿入耳鼓,震人心魄!

神秘火龙舞山乡

舞火龙前，喷火大师高声唱念歌诀：

此火此火，不是非凡火，乃是祖师赐我三昧真火，此火喷到东，凶神恶煞快如风。此火喷到南，凶神恶煞奔走忙。此火喷到西，凶神恶煞尽归阴。此火喷到北，凶神恶煞永不得。

请水仪式结束后，舞火龙开始了。两个神灯童子手提太平神灯在前面引路，地师端着龙的牌位跟在太平神灯后面，牌位正中上书：奉请五湖四海龙王归位，左书：左虾将，右书：右乌将。玩宝手举着两个鲜红的大灯笼（也称龙宝）紧跟着牌位，几十个身着盛装头扎金黄头巾的玩龙手分别舞着雄雌两条龙上得岸来，一路蜿蜒辗转表演"双龙戏宝"这一经典节目。

大号鸣响，鞭炮声声，鼓声喧天，火把通明，人声鼎沸，古老的山寨顿时成为喧嚣的海洋，黢黑的夜晚被火光追逐和驱赶。在这样的气氛里，两条通体透亮的火龙似乎有了灵性，在舞龙人手中充满着活力。或颔首相望，或耳鬓厮磨，或上下翻腾，追逐舞动，或腾空升跃，或低旋逶迤，嬉戏龙珠。巨大的龙身在舞龙人手里仿佛轻如薄纸，任意晃动。巨龙穿街走巷，恣意放纵，任意摇曳。如一首歌，韵味悠长；如一首诗，意境朦胧；如一个梦，清晰遥远。

地师的助手一手拿着竹筒做成的火把，一手拿着装有汽油的瓶子，每走几步就含一口汽油，旋即又将汽油从口里喷出来，迅速用火把将油雾点燃，汽油在空中轰然燃烧，吐镇邪之火渲染了神秘的气氛。

巨龙身下，孩子在奔跑，大人在奔跑。毛南族人认为，只要在龙身下穿过，会百病不生，健康快乐。

如今的毛南族人一般大年初三开始舞龙，正月十五以前必须烧龙。烧龙（也称化龙）寓意送龙神回龙宫，也有固定的程式。

烧龙前由地师念歌诀：

伏以日吉时良，今具水果、刀头（类肉）利席（钱币食物）、酒钵，恭送龙神回宫。水内焚龙水内飘，火内焚龙火内烧，火中烧作无价宝，万古千秋莫辞劳，今日师人来奉送，天朝地府皙阳光，各方龙神各返宫，奉送众神回銮殿，保佑地方得平安。

念罢，就举行烧龙仪式。烧龙前要分龙须，只有德高望重的人和珍贵的客人，才可能分到龙须。烧龙后就宰杀肥猪，以猪肉代替龙肉，煮熟，每家每户派一个代表去吃，然后带一点回去分给家人吃，让老者万寿无疆，少者长命百岁。

烧龙仪式后，举行放水灯活动。将莲花纸船上的一小截蜡烛点亮，放入河中，任其漂流。

水灯既是照亮龙回家的路，也为放灯人放飞一个美好的心愿，据说，只要在放灯时许下诸如消灾除难、逢凶化吉、祖宗升天、荫佑儿孙、人畜平安、招财纳福等心愿，那么心愿一定能实现。

河岸人影绰约，河面朦胧幽静。一只，两只，三只……不一会儿，满河已是一片灯的世界，灯光摇曳，笑声晃荡，波光水影。在河水的推动下，一盏盏水灯，载着人们消灾除难、逢凶化吉、人畜平安、招财纳福等心愿缓缓地漂流，如散玉，如金花，在细浪中晃动，在微风中闪烁，在祈祷中渐行渐远……

任何一个民族都有自己独特的风俗习惯，这些风俗习惯形成于远古时代，但又影响着现代人的生活。这些独特的风俗和习惯通常是古朴而神秘的，只有生活在其中才能真正理解个中的奥妙。毛南族人崇拜火，从火把到火把节、火把舞，再到舞火龙，离不开一个"火"字，也许是长期的火文化的熏染，使得毛南族人的精神世界充满阳光。他们热情好客，生性爽朗。如果你有机会来到贵州的卡蒲毛南族乡，你一定会感受到他们火一般的热情，你就有机会获得毛南族人馈赠的龙须，也有机会放一个莲花水灯，放飞你的美好愿望。

舞火龙，舞动的是毛南族人的幸福，是毛南族人的吉祥与安康，是毛南族古老而神秘的文明。

● 角逐力量的欢乐 ●

四月，毛南族聚居的六硐，春和景明，气象万千。

夕阳下，河岸边金色的草坝芳草萋萋。

"加油！"

"加油！"

夕阳下，河岸边的草坝上，热闹非凡。

一群毛南族少年围成一圈，圈内两个少年膝盖和两手着地，头顶着头，互不相让，青筋绽出，小脸涨得通红。这是毛南族传统体育运

斗"地牯牛"、"捺奴"比赛颁奖仪式

动项目——斗"地牯牛"比赛。

斗"地牯牛"是毛南族祖先传承下来的传统文化项目，是祖先模仿水牛打斗，增强体质、自娱自乐的一种体育活动。不光少年"斗"，青壮年男子也"斗"。少年以此显示自己争强好胜、不断进取的精神，青壮年以此显示自己健壮的体魄，以赢得姑娘的芳心。

每年插秧结束的一段农闲日子，在毛南族聚居的卡蒲一带，都要举行村与村、寨与寨的斗"地牯牛"竞赛。比赛地点一般设在寨中较大的晒场上。比赛方式为分组进行，比赛规则是在比赛双方的后方用石灰各画一条线，在相斗时被抵斗出线者为输。裁判由参加的村寨推选有名望的寨老担任。比赛时，四村八寨的毛南族村民都会聚拢来观看。老人借此走亲串戚、叙叙亲情、畅谈农事，姑娘、小伙乘机交流感情、谈情说爱，寻找意中人。

比赛奖品有狗、鸡、鸭、酒等。不管是输是赢，大家欢聚一堂，大块吃肉，大碗喝酒，男人猜拳，女人唱歌，热闹非凡，气氛浓烈。笑声、歌声、肉香、酒香飘出寨子，弥漫在空气之中，令外乡人垂涎欲滴。

除了斗"地牯牛"外，毛南族还有许多体育竞技项目，如打"飞鼠"、斗"捺奴"、打棉球等。

打"飞鼠"，是毛南族祖先传承下来的体育文化项目，其起源已无从考证，是毛南族先人通过言传身教的方式保留下来的。

打"飞鼠"比赛时，先选择一块空地，在其一端挖一条深5厘米、宽5厘米、长10厘米的船形小沟。准备一根长约50厘米的长木棍，3～5根长约10厘米的短木棍（称"飞鼠"）。推选一人担任裁判，将参赛人员平均分为两组，并确定开赛方。如果是甲方先出场，乙方队员则分布在空地上，等待接"飞鼠"（短木棍）、拣"飞鼠"等。玩时（以甲方先出场为例），甲方先将所有短木棍横放在小沟上，双手握紧长木棍向下伸进小沟内，使劲将短木棍挑飞。短木棍若被乙方捉住，此根短木棍则不算数。挑飞短木棍后，甲方将长木棍横放在小沟上，乙方将未捉住的短木棍拣起来投向长木棍。若投中了，此根短木棍则不算数，若未投中，甲方则将短木棍依次斜放在面向空地一方的小沟沟口上，让短木棍三分之一露在地面，用长木棍一端去打击短木棍，短木棍弹跳起来后，再补上一棍，使之飞出。若被乙方捉住也不作数，若未捉住，乙方则在短木棍坠落处画出一道横线。裁判员用长木棍从小沟处一"棍"一"棍"地量到横线处，并做好记录。玩的队员多时则以"棍"数相加统计成绩。轮到乙方时，仍按上述步骤进行。比赛结束后，谁的"棍"数多，谁就是胜利者。

斗"捺奴"，也是毛南族儿童喜欢参与的一种体育活动。"捺奴"是卡蒲毛南族的一种体育器材，用一截圆木头制作，因使用时会发出"呜呜呜"的叫声，所以又称"叫呜"。所用的圆木头长约5厘米，直径约2.5厘米。制作时，将圆木头去皮，两头削整齐，在中段刻一周小槽，再用结实的粗麻线捆紧，粗麻线两端套上筷子般大、长约6厘米的小木棍，作为"拉手"。这是公"捺奴"的制作方法。而母"捺奴"的制作则是将圆木头劈为两半，再捆紧，就可以了。公"捺奴"因圆木头是实心的，叫声不响亮，主要是用来相"斗"的，多是男孩玩；母"捺奴"因圆木头被劈破了，有了缝隙，叫声响亮，主要是用来玩耍的，多是女孩玩。

玩法是双手拉住捆有"捺奴"的粗麻线，两手摇动，将"捺奴"往胸前甩上 20～30 次，使粗麻线绞紧，然后两手向左右一拉一放，粗麻线便一正一反地绞紧，"捺奴"就在这一拉一放中飞快旋转，发出"呜呜呜"的响声。

斗"捺奴"乐无穷

斗"捺奴"不受时间、地点的限制。白天、晚上可以斗、坡上、家里可以斗。只需两人就可以进行比赛，人多时，还可以分为甲乙两组开展竞赛活动，将飞快旋转的"捺奴"相抵相撞。两人相斗时，谁的"捺奴"先"死（停止转动）"，谁就是输家；多人比赛时，甲组出一名队员，乙组出一名队员先斗，如乙组那名队员斗输了，乙组又派另一队员上去，如甲组那名队员斗输了，甲组又派另一队员去斗，两组按此方法依次进行比赛，哪一组的队员最先"用完"，哪一组就是输家，对方则是赢家。

"捺奴"飞速旋转，"乒乓"之声悦耳，欢笑声随之响起，那是一种动人的景致。

打棉球也是毛南族人喜爱的一项体育项目。棉球是用棉花和灯草做球心，然后用棉线紧紧裹扎而成，一般直径为 6 厘米。玩时，用手心拍打棉球，棉球可弹离地面 2~3 米高。

打球的方式有打平球，打矮桩球，打单面翻身球，打双面翻身球。打平球，要求拍打棉球的高度与打球者腰部相平齐；打矮桩球，要求拍打棉球的高度低于打球者膝盖部位；打单面翻身球，要求拍打棉球的高度高过打球者头部，并转身再拍打下落的棉球；打双面翻身球，要求拍打棉球的高度高过打球者头部，并顺时针、逆时针转

儿童斗"地牯牛"

身后再拍打下落的棉球。打球者可选择其中一项或多项进行比赛。

比赛时，可两人对赛，也可多人分组对赛，以打的个数（次数）多者为胜，负者要罚供球。供球方法是：负者将球向胜者抛去，胜者用手把球

成人斗"地牯牛"

拍下地，连拍三个平球，然后用脚狠踢，使球飞向天空。如胜者手已伸出却接不上球，或用脚踢不中，或踢中但飞起没有人高，即算供球结束。如踢中球高过人，则负者从空中捉住此球才算供完。

体育竞技，是毛南族人角逐力量的欢乐，是力与力的对抗，是智与智的较量，通过较量既强身健体又愉悦身心，达到健、力、美的和谐统一。

● 庇"幼"习俗父母恩 ●

关爱孩子，呵护孩子，是父母应尽的义务，也是每一个家庭天经地义的责任。

贵州的毛南族关爱和呵护孩子有着独特的方式，如收吓、"封镇"（借他人之口保佑）、吃百家饭、"做桥"、找保爷、立指路碑等，包裹着父母浓浓的爱意。

毛南族人认为孩子受惊吓后，身心不安宁，是鬼魂在体内作祟。这个时候父母就要请"塘漂"念咒语驱赶体内鬼魂。"塘漂"念道："四起四大四天王，八起八大八金刚。吾弟子指天天开，指地地裂，指人人长寿，指鬼鬼绝灭。开天门，

斗"地牯牛"的欢乐

闭地户，开人门，闭鬼路。人来有路，鬼来无门。一收天吓地吓万物百事吓。吾奉太上老君急急如律令。"念到此处，"塘漂"在孩子额头上画"Z"字形后继续念："有请收吓仙人，有请救苦救难观世音，生灵难，难生灵，一切灾殃化为尘。左走天地洞，右走鬼神精，横推一百长，太岁当头急。"念至此处，"塘漂"在孩子额头上画的"Z"字形头上点"·"，用口吻孩子额头，接着收尾："吥俅，狗得去了！""塘漂"收吓后，孩子便能平安。

这是孩子受惊吓后使用的方法，如果孩子夜间受惊吓了，彻夜啼哭，就要用另外的方式，即请贵人"封镇"。毛南族人认为"哭夜"，是看到了不该看到的动植物鬼怪生灵，这些生灵也非常喜爱孩子，便来逗之，使孩子无法入睡，啼哭不已。父母就要在红纸上写一首打油诗，贴于行人过往较多的路口、井边等地，让过路人念之，就能让孩子安然入睡。打油诗是这样写的："天黄黄，地黄黄。我家有个哭夜郎，过路君子念一遍，一觉睡到大天光。"

如果孩子夜间睡觉落床了受到惊吓，毛南族人认为是孩子阴气重，动植物鬼怪生灵来作祟，孩子要吃百家饭才能"解吓"。父母第二天就要走百家"讨"饭来喂孩子。

如果孩子常年体弱多病，毛南族人认为是孩子命弱，或者是命里缺五行中的某一种。如命里缺"金"、"水"等，家里就要为孩子"做桥"、找"保爷"，或者立指路碑，保佑孩子健康成长。

找"保爷"，分为两种方式。

一种是在家中神龛上烧香告诉祖宗，并打一碗水祭在神龛上。三天之内，如有外姓人踏入家门，此人就是保爷。称之为"踩水碗"。"踩水碗"后，孩子父或母烧香禀告祖宗，保爷倒掉碗中之水，与孩子父母认"干亲家"，按照年龄以兄弟相称，称之为"拜祭"。"踩水碗"之人，是男的，孩子叫保爷，是女的，孩子叫保妈。三天之内如果没有外人踏入，主人家要重新烧香祭水碗等待。当了保爷后，保爷给孩子从头到脚购买衣、裤、帽、鞋、袜等，以自姓为孩子开名字，并制作一块匾，将名字书写在匾中央。匾左上角书："承蒙×××亲家不弃，以令郎（令爱）寄拜。"匾正中书："更名曰：×××"，匾右写上送匾人姓名和年月日。于是，两家就成了亲戚，互相走动，保爷就经常关照孩子，保佑孩子健康成长。

另一种是，孩子母亲蒸糯米饭、腊肉、香肠，炒几个菜，准备米酒、碗筷等，全部装在竹篮里，背着孩子出村，半路遇到的第一个外姓人，就拦路请客吃饭。被拦之人就是保爷。保爷酒足饭饱后，拿些钱哄孩子，给孩子取名，说几句祝福话就算完成了任务。半路找的保爷以后可以互相走动，也可以不来往。

毛南族人认为，如果孩子的"八字"不好，生于正月、二月、三月的酉时和戌时，生于四月、五月、六月的未时、卯时，生于七月、八月、九月的寅时、午时、丑时，生于十月、十一月、十二月的巳时、申时、亥时，命上就犯了"将军箭"。犯了"将军箭"，命就不会长。其说法是："一箭伤人三岁死，二箭伤人六岁亡，三箭伤人九岁死，四箭伤人十二岁亡。"破解方法就是立指路碑，作为挡箭碑，为犯了"将军箭"的孩子修阴功，行善积德，方可保住孩子性命，否则就会夭折。立块指路碑，为外乡人指指路，也不失为一种行善积德的好方式。指路碑一般高60厘米，宽40厘米，用一块普通的石块做成，立在岔路口。碑的上方正中刻着一把带箭的弓，弓上的箭好像即将离开弓弦。弓箭下刻着"东走××出××，南走××出××，西走××出××，北走××出××"。立指路碑前，主人家派人到山中找块平整的石块，请石匠用凿子铲平、修整、打磨，再请寨中的文人写上碑文，石匠再凿上字，填上喜庆的红油漆。立碑的时间一般在农历的二月或七月。具体时间要根据小孩的生辰八字择黄道吉日而定。立碑当天，是主人家办喜事的日子。往往都要约上亲戚和家门族下来热闹一番。你扛碑，我拿锄，说说笑笑来到村口，选好位置，挖坑铲土，请两位富贵老人为孩子立指路碑。请富贵老人的要求很严格，其条件是：老人的妻子（或丈夫）还健在，并且有子有女，以体现他家子孙发达，家人平安。立碑完毕，两位富贵老人还要为小孩说上几句祝福的话，比如，从今以后，×××快长快大，不再体弱多病，健健康康成长，病魔不再缠身，病魔从此远去，等等。

大山中人烟稀少，外乡人走进来后，往往会迷路，又找不到他人询问，而指路碑正好方便了他们，充分展示了毛南族淳朴的民风。

在毛南族人看来，庇幼除以上所说之外，还有如办"满月酒"、开荤、办"满岁"、葬牙等方式寄予孩子希望。

孩子出生后，为保证母亲奶水的质量，坐月婆要吃母鸡、角鱼、鸡蛋等，忌吃花椒、辣椒、大蒜等麻、辛、辣的食物。孩子满月后，要给孩子办"满月酒"。邀请外婆、亲朋好友来"吃"酒，外婆则要送背带、衣物、红糯米饭、红鸡蛋等前去祝贺。孩子长到一百天，要举行开荤仪式，喂孩子油腻食物，表明孩子肠胃好，已经能够消化油腻了。孩子满周岁了，要办"满岁"，外婆、亲朋好友也要前来祝贺，举行预测前途和性情的抓阄仪式。

孩子第一次换牙时，如果是上牙，就将它丢到瓦上，希望孩子的牙齿长得像瓦片一样；如果是下牙，就将它到牛圈里，希望孩子的牙齿长得像牛牙一样。

在毛南族村寨，还有一种奇异的习俗，就是年轻的母亲背着褓褓中的婴儿出门走亲戚时，要念咒语挽草标撵鬼。先念收身咒语："弟子奉请观世音菩萨、左路军、右路军，头顶观世音，身骑白马云中跑，手执钢刀斩妖精，撞到大的拦腰斩，撞到小的打囫囵，四大君王保我身……"接着念撵鬼诀，"天阴阴，地阴阴，带有三万八千兵，叫你走，你就走，叫你散，你就散，你不走，你不散，我以手戳破你的鸡蛋"。

然后在路边随手扯下一根芭茅草，闭气挽个疙瘩插在背带上，防止孤魂野鬼惊吓孩子，以起到避邪、驱鬼的作用。

如果孩子精神恍惚，毛南族人认为是孩子"落魂"了，要请"塘漂"用鸡蛋、米等来"烧胎"。"烧胎"时，"塘漂"烧六炷香念口诀，奉请五谷娘娘神君、十方土地神君、东南西北十万神君、五方桥梁神君、烧胎破胎圣母等到香坛，受令追魂，引孩子三魂归身，七魄归体。然后画一道符烧在水碗里，将丝线捆绑鸡蛋放在烫灰里烧。鸡蛋熟后，将蛋给孩子吃，将捆绑的丝线解下，捆在孩子手上。"塘漂"边捆边唱："一根丝线长又长，团团转转锁住郎。一锁天长地久，二锁地久天长，三锁关煞消除，四锁长命富贵……"

呵护孩子健康成长，是每一个做父母的愿望。而毛南族的呵护方式与众不同，包含着奇特的民族风俗。这些独特的做法不见得有什么科学依据，也不一定能够产生实质上的效果，但这种育儿方式和庇幼习俗，是毛南族丰富民俗文化的展示，凝聚着父母浓浓的爱意和美好的期盼。

● 大树石头也有情 ●

毛南族是一个充满神秘色彩的民族，崇尚自然，敬畏生命。

毛南族人把自己作为大自然的一部分，将自己与山水草木和动物融为一体，对脚下的土地、身边的事物，都以一种崇敬的心态来对待它们，感激它们，敬畏它们。崇拜石头和树木，便是他们感激和敬畏

土地

土地

大自然的一种方式。

　　在毛南族人心中，石头是有生命的。因而要备上酒肉等祭品祭拜石头，将其作为保爷，给孩子取"小名"。若是男孩取名为石成、石华、石金、石义、石坤、石国、石松、石牛、石狗、石柱……若是女孩则取名为石仙、石英、石妹、石玉、石珍、石秀、石莲、石娥、石花、石群……据说，拜了石头后，孩子的命就硬了，像石头一样，不再惧怕世间风雨的折磨。

　　行走在毛南族村寨，在村口，常常看到有一个小石屋，小石屋内供奉着一尊奇特的石头。这就是毛南族人称之为"土地"或"土地公"的石头。

　　每年开春，或逢年过节，或人们头疼脑热、起房造屋、婚丧嫁娶，村民提上酒肉，前来烧香叩头，祭拜"土地"石，祈求幸福。

保寨树

　　毛南族是一个迁徙民族，每迁徙到一个地方，都要拜会当方土地，只有得到当方土地的认可，他们才能安居下来，才能生息繁衍下去。

　　在毛南族人的眼中，"土地"就是他们的衣食父母，是神，是山，是帮助他们化解灾难、给予他们幸福生活的山神；"土地"也是泥土，给予他们生存下去的根本保证。所以成了"土地"的石头，就有了"神"的使命，就世世代代接受村里人的膜拜。这些被赋予"土地"之名的石头就活了，活在了一代代人心中，活在了一种生命的象征里。一颗无生命的石头，演变成一个民族的生命寄托。

毛南族人对石如此，对树也是如此。

每一个毛南族村寨路口均有一棵被赋予神力的生命之树——保寨树。保寨树就是一个村寨的保护神。

保寨树有着动人的传说。传说在很久以前，毛南族的祖先在迁徙路上，一直找不到合适安家的地方，只好没日没夜地寻找。有一天，疲惫不堪的祖先实在走不动了，他们来到一棵大树下，放下沉重的行囊，靠着大树进入了沉沉的梦乡。不一会儿，从树上吹来凉爽的风，吹拂着被太阳炙烤得很疲惫的祖先。从梦中惊醒过来的祖先突然发现就在离他们休息地点的不远处，如梦如幻地出现了一幅茅屋和林海相融的美丽风景。于是，迁徙的祖先决定不再流浪，而是在距树不远的地方，搭起茅屋，建起了心目中的家园。从此以后，一个以树为依托的村寨诞生了，一代又一代的毛南族子孙，与树为邻，不断拓建家园，在树的荫护下繁衍生息。

祖先靠着休息的树成了保寨树，保寨树也由树升华成了毛南族人虔诚祭拜的神灵，成了一种生存境界的寄托。

在毛南族村寨，保寨树不仅仅是保佑一个村子，而更多的是牵引着一条延伸的路，一个岁月抹不去的记忆和寄托。村寨里要远行的人，都要到树下来摸一摸树身才离开，装一片树叶在心里，远方望不到尽头的路，才不会太遥远。出远门回归的人，也会到树边来摸一摸树身，空荡荡的心房就装下一个沉甸甸的家和对家园的牵挂。

崇尚树石，是毛南族的奇特风俗，也是对感激和敬畏大自然的诠释。

● "巫婆" "鬼师" 可通灵 ●

贵州毛南族，过去称为"佯僙人"。"佯僙人"普遍崇信多神，以原始宗教意识作为其精神支柱。明代《贵州图经新志》称"佯僙人""知祀祖先"，有疾病则"祭鬼乞福"。(嘉靖)《贵州通志》亦称"佯僙人""凡婚丧、饮食衣服亦多避忌，有不忌者，云祸患至焉"。此外。历代史书上对"佯僙人""人死则殉以牛马……赠鬼"的习俗亦屡有记载。

毛南族人一般都认为天上有神仙，能变幻莫测，能主宰万物，但那是罕见的奇事。在日常生活中，他们最为崇敬的是自己的祖先——"家神"。他们认为最有权威的凶神则是遍及每个村寨的土地菩萨，毛南语叫"抱挤"。再者就是一般的野鬼邪神——"往八"。在"往八"之中最凶恶的要算各种恶死鬼。此外，毛南族人对于灶神、雷神、门神以及一些古树怪石也很虔敬。为了保佑孩子们长命，有人还把这些怪石怪树拜为"保爷"。

家神，毛南族人认为是历代祖先去世后，阴魂到了九泉之下，共聚一堂，组成一个以保护（佑）子孙后代的安宁和富贵吉祥为宗旨的神灵集团。因此，老人去世后，一定要选择龙脉好、方向吉利的墓地，择吉日吉时入土分金安葬，并敲牛杀猪，开丧超度亡灵。除了开丧超度以外，每逢大小节日或婚丧嫁娶，都必预先备办菜肴酒饭，烧香化纸敬供祖先，就是祈求家神保佑，万事顺遂。不生孩子或孩子多病时，则以做桥的方式杀鸡杀鸭以至杀猪祭扫历代祖先的坟墓，祈求祖宗为自己送子保子。平时上坟祭墓，每年清明，插青挂纸，也是为了祈求保佑后代做事顺利，人丁六畜繁衍兴旺。

关于土地菩萨，毛南族人认为这是神中权威最大最凶的，它有善和恶的两重性。一方面，认为它是全村男女老幼的保护者，有了它的保护，全村人就免受各种野鬼邪神的侵害。因此人们就有"千里来龙，必拜当方土地"的格言。所以每个村寨都于村头寨脚立有一两尊菩萨房，称"染抱挤"。"菩萨"是用一颗大小适宜的石头来做的，头顶上戴一块红布头巾即可，其大小各村寨都不一样。立好后，每次杀鸡敬供时，拔些鸡毛沾鸡血贴于"菩萨""脸"部作胡须。故称"菩萨胡子要人栽"。另一方面，毛南族人认为土地菩萨凶神恶煞，忌讳最严。稍有不慎则祸患必至，大难临头，轻则刀斧损伤皮肉，或患病卧床，重则休克以致死去。遇到这种情况必请"奶舍"（巫婆）看衣找出犯

土地

了多大的罪，然后请"塘漂"用鸡、鸭、猪来解。有时则许愿于菩萨，如事遂心愿，年终必定还愿。届时请灯班子唱一、三、五天愿灯方解其难。所以毛南族人听到"菩萨"二字即心生敬畏，心里十分惧怕。路过菩萨房前，不敢正眼对看，更不敢口出不吉利之言。由于菩萨保护全寨，同时又特别残暴凶恶，因此各寨菩萨房前香火不断。

起铜鼓，祭鬼神

关于邪神野鬼。因为各寨有保寨菩萨的护卫，野鬼一般不会上门找人，多是旅行途中不走运时碰上的。所以毛南族人出行就有很多禁忌。每年有岁首数日不出门，年末七不出、八不归等禁忌。如有不慎碰上最大的丧鬼，就会突然发病，休克以致死亡。遇此，必用家中最大的肥猪解吉，方免其难。其他野鬼则按其大小，用鸡、鸭、狗来解。最轻的头痛，发热和"落魄"（魂不附体）之类，就用肉来解。

灶神、雷神和门神，属一般家庭小神，遇到灶神发作，烤酒变质，打豆腐不结，煮饭不熟等，每年请"塘漂"撵一次五鬼，或烤酒、打豆腐时将一把菜刀或杀猪刀放在灶上押神即可。

在毛南族人看来，"雷神"是天上的"神仙"派到人间来镇压邪恶的善神。如有严重违反道德的、不孝顺敬奉父母的，或欺压良民百姓的恶人，必遭雷劈。这是人间无法可解的"神仙报应"。但是一遇打雷，人们又怕自己有得罪雷神的行为，雷声一响，便躲进家里，妇女们则烧香烧纸祈求雷神保佑自己的安宁。新雷时，还鸣枪放炮迎接，烧香化纸敬供之后不准动土等。

至于门神，毛南族人多将其神像贴于各处门窗之上，让他们看护家门不准恶鬼入室侵害人畜，但没有敬供的习惯。因为毛南族人普遍迷信鬼神，在他们当中，就自然地产生一些以迷信活动为职业的"巫婆"和"鬼师"，这些人历史上颇受毛南族人的尊敬。

祭神求福

　　过去，毛南族人有了疾病就托一年老妇女用病人的衣服包上一碗米，一角二分钱，三炷香和部分纸钱，去找"巫婆"看衣。"巫婆"看衣时，首先摆一张四方桌，将一张簸箕摆在桌上，先倒出部分米于簸箕内。其余的米用病人的衣服包成一小包，拿在手上，燃香化纸后烧一小点黄蜡，将头巾拉下遮住眼睛，问清年庚八字后，开始唱歌求鬼，边唱边将米包杵在簸箕里的米堆中，等沾上一两颗米，即指出哪一颗米是哪样鬼在作祟。反复进行，米不沾衣就算没有鬼作祟了。找到鬼后，即向来人说明某鬼用猪解，某鬼用鸡、用鸭或用肉来解。如系家神，则用鸡或猪给某某祖公上坟。如系土地菩萨则要大做。如还愿灯，就要三五只小猪敬神，并杀大猪办酒席，少则十数桌，多则三四十桌。酒肉要丰盛，否则不能解除灾难。其次是野鬼中的"往相"，必用家中最大的猪，而且必在深夜拿到山坡上没有人碰到的地方去解。

　　如今，随着思想的解放，毛南族人有病不再求"巫婆"，而是走进医院找医生。由毛南族人的宗教信仰衍生出来的一些内容，已经成为非物质文化遗产，受到保护。

● 狩猎秘法不外传 ●

扫影，就是扫掉影子之意。其实影子是无法"扫"的，这只是毛南族狩猎文化中的一种隐匿行踪的神秘方式。

在古代，毛南族以刀耕火种和狩猎为生。毛南族聚居的山林里栖息着虎、豹、野猪、山羊、竹鼠、穿山甲、九节狐等野兽。毛南族先人在长期与这些野兽"打交道"的过程中积累了丰富的经验。猎人们茶余饭后聚在一起，互相交流狩猎经验，互相提供猎物的行踪，然后根据情报组织追捕。或者，在深山老林里，根据动物的行踪，在其经过的地方下套狩猎。

下套，是用一棵富有弹性的小树，根部固定，一头削尖，尖部捆上套绳，安上活动机关，挖好陷阱，将套放在陷阱上面，盖上一层薄薄的灰土，然后用树叶、草等伪装，待猎物踩上陷阱，将其套住。一切伪装完毕以后，还要进行扫影，以避免猎物发现猎人行踪。

扫影时，猎人要念咒语。咒语是这样的："伏以，伏以：严神菩萨送我弟子一把铁扫帚，一不扫天，二不扫地，单单扫你邪神邪怪。一把扫阴山前，一把扫阴山后，黄土扫黄影，黑土扫黑影，扫我弟子一人影，弟子一影见，黄风吹上毛草飞，祸落一堆，欢毛起祸落点子，保佑我弟子，红禄到堂，黄禄到地，保佑我弟子大吉大利，公来捉公，母来捉母，吾奉太上老君急急如律令。"言毕，用树枝"打扫"自己的身影。扫毕，"扣"脚步，即扣住脚步刚好落在陷阱上。"扣"脚步时，也要念咒语。咒语为："此棍出在宝南山，勒文勒武把路拦。心中事物棍上去，坚巧事物棍下亡。吾奉太上老君急急如律令。"

毛南族先人在狩猎中，通过这种隐匿行踪的神秘方式，使猎物上套，增添了毛南族狩猎文化中的神秘色彩。

如今，野兽少了，保护野生动物的措施在毛南族地区也得到落实，扫影显然已经不用了，但它作为一种狩猎文化遗产，仍然保留着，对研究毛南族社会文化有着一定作用。

● 建房中的吉祥文化 ●

　　古代，毛南族人"以岩穴为居"，明代以后逐渐改住"落地棚"。《黔记》上说："……杨黄，其种亦伙。都匀、黎平、龙里……万山之界往往有之。生理苟且，荆壁四立而不涂，门户不扃，出则以泥封之……"到了清代以后，出现了竖柱木架为主体结构的茅草屋。后来逐渐发展为木架青瓦房，建房子时也开始用石头垒屋基，地基一般高出地面 0.6 ～ 1 米不等。整栋木架子全由木匠凿榫眼，用木枋穿柱构连，搭建成排的木架，如房是三间，则是四排，五间则是六排。

　　过去，毛南族人所说的"立房"，就是立成排的木架。

　　立房前，要请风水先生选择地基的方位、朝向、地势等，择定吉日吉时请石匠动土奠基，请木匠砍树发墨，以及砍中柱、梁柱、立房、上梁、钉大门等。木匠做好成排的木架后，主人家择吉日立房。主人家要大办酒席宴请宾客。外家要送梁木（毛料）、大门和糯米粑。

　　第二日吉时，主人家要请寨中男性村民前来帮助立成排的木架。先立好中间两排，然后用长木枋穿柱连接拴紧，再立后面的木架。而掌墨师傅则叫木匠对外家所送的梁木进行加工。加工前掌墨师傅要进行封梁。

　　封梁的诀语是："此梁，次梁，不说此梁不分明，此梁是个进宝瓶。此梁生在何处？出在何方？生在昆仑山上，出在八宝金山。良整选宇山下分，生你梭罗木一根。何人见你长？何人见你生？太阳金星见你长，月亮金星见你生，大雨露水养你大。张郎过路不敢砍，李郎过路不敢量。主家选得 × 年 × 月 × 日 × 时，立起大华堂，奉请鲁班先师福法大，一斧又一斧，手捏尺子墨斗就来量。也不长，也不短，不要根来不要尖，裁起两头要中梁。三十六人抬上马，四十六人抬上肩，千里来龙万里遇，今天抬到主家大中堂。我斧头脱你毛，我锛斧锛你衣，我小刨推你白如银，我大刨推你亮如金。今日材梁修造好，主家拿你正中梁。"

　　封完梁，掌墨师傅手捏斧头，对梁进行加工，伸展绳墨，用笔画线，拿刨子刨平，再用量具测量……完成后，进行开梁口，即在靠进中柱顶端的地方开口。开梁口前，掌墨师傅要念诀语祭梁："东边一朵黄云，白鹤先师下天庭。脚踏云路忙忙走，主家请我开梁口。我手拿一把锯，儿孙世代做皇帝。我手拿一把斧，主家代代出英武。我手拿一把凿，主家世代住台阁。主家愿富还是愿贵？愿富——开起梁头，送你一锭金，造福与儿孙。开起梁尾，送你一锭银，得了金银归金库，打开金库装金银。愿贵——送你高官厚禄，文居一品，武列当朝，自从今日说过后，儿孙富贵万万春。"

开了梁口，接下来就是钉梁泡。何为梁泡？梁泡是放在梁正中间用红缎蒙好的物品，有茶叶、糯米、钱、纸和一本记载上梁的时辰历书，红缎蒙好后，四角用银币或别的硬币固定。掌墨师傅在中间刻上八卦图，根据八卦图确定安放梁泡的位置，将梁泡所用物品放好摆正，再用红缎蒙好钉紧。边钉边念诀语："一张桌子四角平，桌子高上满金银。堂中金满斗，家中银满升。外家送来大梁木，主家代代得官做。外家送来大金梁，主家代代大吉昌。"

之后，便是上梁。用长绳固定梁的两头，由房顶上的人提起，先把梁摆在堂屋中间，用木马支起。然后焚香敬酒，放一只公鸡在梁上，等待掌墨师傅焚香、敬梁、点梁后，上梁。

掌墨师傅边焚香边口中念念有词："一张桌子四角方，中间焚起一炉香。此香焚来有何用？此香焚来敬中梁。桌子高上一个瓶，不是金来不是银。乃是庐州土一片，上面做有凤凰身，我左手捏来右手斟。昔日神仙来饮酒，留与凡间来敬梁。"

说着，掌墨师傅用酒点梁，口中道："一点梁头，主家代代出英雄；二点梁尾，主家代代入学高中举；三点梁腰，主家代代发富豪。恭喜主家发富发贵。"

点好梁，用缎子或土布缠梁后，进行请鸡，也就是请一只雄鸡踩梁。先用酒将鸡灌醉，然后将鸡放在梁上踩梁，待梁升起时，鸡仍平稳地站在梁上。请鸡，掌墨师傅要念诀语："此鸡，此鸡，你不是平凡鸡，乃是玉帝娘娘宫前报晓鸡。卯酉生成鸡蛋样，知得人间吉与凶。寅年报出寅鸡子，卯年报出卯鸡儿。报出三双六个蛋。一对飞走山中去，取名叫金鸡；一对飞走田中去，取名叫秧鸡；一对飞走家中来，取名叫家鸡。此鸡你吃了主家多少谷，吃了主家多少米。主家选得×年×月×日×时，立起大华堂，将你此鸡正中梁。此鸡身穿五色好毛衣，西戌之时归龙座，半夜子时丑时啼。文官听得此鸡啼，穿起龙袍坐朝廷；武官听得此鸡啼，起上刀枪进校场；少年听得此鸡啼，早早洗脸进学堂，人在学堂登科举，金榜题名第一名。农夫听得此鸡啼，备办犁耙下田庄，五谷年年多收进，金钱累累进钱箱；妇女听得此鸡啼，早生贵子拜君王，拜得君王为臣相，天下国家第一郎。主家拜抱紫木梁，富贵荣华大吉昌，抬起梁头，儿孙代代中诸侯；抬起梁尾，儿孙代代坐朝廷。"

掌墨师傅念完，又高声吼道："起——"于是，站在木排顶上的人们，就拉起梁木。在众人的欢呼声中，梁木上升。这时请来的歌手唱贺歌：

王东得遇嫦娥女，公子得遇鲁班娘。
立柱屋逢天喜日，修房遇着紫微星。
一向房子九个瓜，张公九代不分家。
薛家兄弟来搬树，今朝遇着柳金花。
建起楼台十二座，八字龙门必绣花。
小小公卿穿缎子，幼小女儿穿罗纱。
此木不是平凡木，乃是紫木十九重。
主家拿来做中梁，二丈绫罗挂中央。
左缠三道生贵子，右缠三道状元郎。
教五子来有方法，五子登科在中堂。
先升梁头进财宝，后升梁尾置田庄。
儿孙个个登金榜，加官进禄受荣华。

歌毕，梁也安放好，木匠师傅便爬楼梯登上梁头撒粮粑。

爬楼梯时，木匠师傅边爬边高声说："伏以：日吉时良，天地开张。姜公在此，鲁班坐堂，大吉大昌。我不说楼梯犹自可，说起楼梯有根生。神农皇帝制五谷，汉高祖王制楼梯，我左脚掐衣，我右脚踏梯。我一上一步一品当朝，我二上二步二合同春，我三上三步桃园三结义，我四上四步四季财源兴，我五上五步五子登科早，我六上六步六六顺序，我七上七步天仙七姊妹，我八上八步八路神仙吕洞宾，我上了九步到大川，儿孙世代做高官；我再上一步到瓜脚，儿孙世代考入学；我再上一步，随手摸到金瓜，你九代儿孙不分家；我调坐麒麟马，我脚踏宝华堂，天长地久，地久天长。"

在木匠师傅说诀语之时，在木排顶上的人也将两只内装有切成正方形小块和一长块粮粑的箩筐，分别用长绳吊到两边架顶上。

在撒粮粑前，木匠师傅要封粮粑："正月犁田下早种，二月惊蛰与春分。三月清明下早种，四月立夏栽早秧。五月蓐，六月七月米打苞。八月米谷黄，打米上高仓。粘的白如雪，糯的白如霜。粘的用一对，糯的用一双。别人将你无用处，我弟子将你抱上房。"

此外，两边木排顶上的人要进行对答，以贺粮粑：

甲：金鸡报晓正五更，正是主家立华庭。
左边立起金鸡叫，右边立起凤凰身。

公子坐在龙头上，五色良材件件新。

四合天井先立起，五凤楼台随后跟。

梁头八十身荣贵，修造华堂福双全。

立起金库装金子，立起银库装银钱。

绣球抛打薛仁贵，主家代代出高贤。

起房遇着三星照，修房遇着两双全。

本是主家时运好，今朝遇着芳状元。

状元生下状元子，先制房屋后置田。

乙：日吉时良，天地开张。

姜公在此，鲁班坐堂，大吉大昌。

紫微星高照，正是主家立华堂。

木在青山夜夜长，朝朝日日长成林。

皇王请我定宝殿，文武请我立衙堂。

王东请我来造屋，紫木树来做栋梁。

列位亲族送厚礼，满堂邻里来贺房。

一贺主家千年发，二贺主家新华堂。

新起房屋四尖角，两边挑手是神仙。

上面盖的琉璃瓦，下面砌起八宝砖。

前面是对金狮子，后面栽棵并头莲。

此处便是金銮殿，还去哪里问神仙。

对答后，撒粮粑开始，甲和乙又对答——

甲：太阳出来亮阳阳，恭贺主家修华堂。

主家华堂修得好，儿孙代代状元郎。

乙：太阳出来绿阴阴，恭贺主家修华庭。

主家华庭修得好，儿孙代代点翰林。

甲（甩大粑）：我左边送你一锭金！

乙（甩大粑）：我右边送你一锭银！

甲（甩大粑）：送金送一对。

乙（甩大粑）：送银送一双。

甲（甩小大粑）：一撒东方甲乙木，主家世代有官禄。

乙（甩小大粑）：二撒南方丙丁火，主家世代把民管。

甲（甩小大粑）：三撒西方庚辛金，主家世代坐朝廷。

乙（甩小大粑）：四撒北方壬癸水，主家世代高中举。

甲（甩小大粑）：五撒中央戊己土。

乙（甩小大粑）：主家世代做知府。

合：天长地久，地久天长。

粮粑犹如雨点，纷纷落下，房下的三亲六戚、家门族下纷纷去拣去抢，气氛热烈。

撒粮粑仪式结束，木匠师傅钉门，边念边钉：

紫微高照逢良程，手拿斧头钉财门。

主家财门又茂盛，斗大黄金滚进门。

吉日来把财门钉，百事顺心又太平。

开门不让邪魔进，晚上关门无坏人。

把财门钉好以后，择好吉日进新门。

钉好了门，还要进行"开财门"仪式。木匠师傅站在门外高声念道：

伏以：

日吉时良，天地开张。姜公在此，鲁班坐堂，大吉大昌。我是天上文曲星，武曲星，白斗星，今日玉帝叫我下凡尘，叫我下凡将何用？下来与主家开财门。我弟子一步走到梯坎脚，遇到石匠安石脚。这位石匠安得好，安个麒麟在两角。两个麒麟抬头看，儿孙世代考入学。我二步走到檐柱边，一副对联贴两边。这位先生写得好，写个金鸡配凤凰。金鸡叫凤凰声，儿孙世代做高官。我弟子三步走到大门边，今日主家请我开财门……打开财门我先进，儿孙世代万年兴。我左手开来金鸡叫，我右手开来凤凰声。我左脚进门增百福，我右脚进门贵子生。乾坤稳定江山坐，儿孙世代治乾坤。天长地久，地久天长。

整个立房仪式犹如一道独特的风景，在毛南族的生活中熠熠生辉，成为民族文化的一部分，耀着眼，闪着光。

● "打保福" 与 "接米魂" ●

对于赖以生存的粮食，毛南族人是非常敬重和崇拜的。因此，在生产生活中，就有"打保福"和"接米魂"这两项与米有关的祭祀活动。

"打保福"是在五月栽秧后的某一天进行。吹响牛角，全寨老老少少凑米、肉、菜、柴火等，准备称为"保福旗"的红、黄、绿的三角纸旗，聚拢到寨中经常聚会的地方。

"塘漂"设供桌，供桌摆上刀头（方肉）、鸡、肉、"保福旗"等。由"塘漂"念经请神，保佑庄稼不遭天灾、旱灾、虫灾等。

仪式开始，"塘漂"首先烧香请神："香烟渺渺，瑞气飘飘，黑光灿灿，圣德昭昭。上焚一炷，直通天堂；中焚一炷，神满十方；下焚一炷，神降临场。恭炷真香，本院社稷尊神、保守禾苗土地神、稼穑夫人、神农黄帝制五谷，以供万民，普天之下，莫不沾光。感神者圣也，农者种也，始播五谷，民之道也。请降香坛，受令祭祀，保安功德……"此外，"塘漂"还要请神农稼穑、后稷黄帝、来耕童子、神农郎君、菜园夫人、三元三品大帝、本境城隍、天地三界十万生灵等，降临香坛，接受祭祀。"塘漂"给诸神献酒，希望诸神庇佑"禾苗黄虫不食，黑虫不咬，根植穿地，叶长冲天"，庇佑良民"耕地不被蛇虫咬，种地插秧，日长七寸，夜长尺高，叶茂花容，沾恩雨露，扬花不被风吹，结果不遭雹打"……

念毕，杀鸡祭祀，感谢诸神，再敬三杯酒请诸神回去，祭祀结束，参加的人，将沾了灵气的"保福旗"拿到自家田中去插，保佑禾苗茂盛，五谷丰登。之后众人聚餐，大碗喝酒，大块吃肉，热闹非凡。

"打保福"，寄托毛南族人祈盼丰收的希望，这种希望是他们灵魂深处一直追求的最美好的东西。有了这些美好的东西，毛南族人才一步一个脚印走到今天。

若真正获得了丰收，毛南族人则要举行"接米魂"仪式，感谢上天、感谢神灵。毛南族人认为米有魂魄，"接米魂"的意思是将散落在田间、地头、水中、鼠洞等地的米的魂魄接进家，让其归仓。

"接米魂"于打谷进家的第一天晚上，请"塘漂"在家中堂屋举行。

"塘漂"先在供桌上置一簸箕，将菜豆腐，红、黄、白三色糯米饭，白米等供品摆上，用红、黄、绿纸分别剪日月图，将纸图一段粘在竹签上，插在三色糯米饭上，再置三碗

七星剑

请米魂

酒。"塘漂"便开始念诀语:"米神王,米神王,听我弟子奏分明。洪水潮天人要绝种,无衣无食过光阴。玉帝心慈降下你,一粒落地万收成。神农黄帝制五谷,普天之下养凡民。皇帝得你登龙位,百官得你定太平。正月惊蛰是春分,二月三月犁田栽早秧,四月五月薅,六月七月米打苞,八月米谷黄,打米上高仓,唯恐部分落在外,今日主人虔备香花、酒水、刀头、豆腐、三色饭,一心奉请,请你米魂归仓。"

稍停,"塘漂"用手将簸箕里的米抓起,分别向东南西北中方向抛撒几粒,边抛边念经文:"一撒东方白颗米,千奏万感动神灵;二撒南方白颗米,快去登程请诸神;三撒西方白颗米,快去有请土地神;四撒北方白颗米,快去有请后稷神;五撒中央白颗米,香花酒礼早备齐。各种规矩都办好,童子有请土地神;土地神你骑马请,按照姓氏请诸神;白米与你去奏请,请到五谷小娘神……"

经文较长,所请的神有米魂母、升子娘神、箜箕娘神、玉燕小娘神、谷神大娘神、钥匙小郎神等,请诸神来赴筵席,感谢他们赐予××省××县×家五谷,使得一家老幼有米吃,使生命延长。此外,"塘漂"还要念经文,还要感谢"钩索老者"(做挂钩和绳索挂粮食的老头)、守门老汉、太棒(管米的神)、掌管钥匙的人、斑鸠雀娘、猫神、鼠神等,让他们一同来领受所祭祀的东西,最后烧纸钱送给他们。仪式也就结束了。

心怀感恩之心,感谢诸神的帮助,这是毛南族人最淳朴、最原始的美德,这与"滴水之恩,涌泉相报"异曲同工。

"DUIMA" YU "HUOLONG"

"对骂"与"火龙"
DE
KUANGHUAN　的狂欢

● "对骂"中的智慧和胸怀 ●

　　火，是人类文明的象征；火，是毛南族人最崇尚的。

　　生活在贵州的毛南族人过去刀耕火种时代需要火，如今的祭祀、礼仪、娱乐也与火有着密不可分的关系。

　　你看，除夕之夜，一年一度的火把节开始了！

　　火把节，流传在平塘毛南族聚居的卡蒲、者密等乡镇的村寨。于每年的除夕之夜由一村一寨各自举行。在火把节开始之前，各寨都要推选几个中老年人为主持者。吃了年夜饭后，各家各户早已备好火把，等待牛角号声。号声一响，全寨男女老少聚集寨中，然后吹起牛角，敲锣打鼓，成群结队，在活动主持者的带领下，挨家挨户上门祝福，每到一家，主人家都要放鞭炮迎接。其意有

三：祝福主人家来年万事顺利、如意；给主人家驱逐邪恶，撵走耗子（老鼠）；向主人家募集物资、柴火备办夜宵。挨家祝福完后，留下少数人在家备办夜宵，其余的人均点燃火把，在鼓声、号声中向靠近邻村的附近山上游去。

铜鼓咚咚，穿透黑夜；大号声声，浸透心灵。火光映照村民古铜色的脸，诡谲而神秘。火把由星星点点，渐渐地变成一串。吆喝声，呐喊声，调动了村民情绪，大家应声而行，使火把的队伍不断扩大，不断增加，浩浩荡荡前行。火把在田埂间摇曳，在山坳上舞动，最后在山坡上与邻寨的火把队伍交汇。

相遇的队伍均如临大敌，迅速抢占有利地形，火把高举，竭力招摇，展示本队的强大阵营和实力。接着双方在各自主持者的带领下使用秘密武器——"对骂"。如："恶魔，你们的死期到了！""该死的瘟神！"……在毛南族人看来，骂得越难听就越觉得吉利，骂得越难听越觉得心里舒服。众人则跟着帮腔。如骂对方喂牛牛死，喂猪猪瘟，喂鸡鸡死，种庄稼遇到干旱、虫灾等。其寓意是驱邪祈福，预兆吉祥。鼓号喧天，火光摇曳，"对骂"声声，将除夕之夜的气氛也渲染得格外浓烈。

"对骂"声中，双方各自暗中派人悄悄潜入对方"阵地"，秘密

火把节"对骂"

毛南族风情

捕捉"俘虏"，将"俘虏"拖回寨中以酒灌之，直到"俘虏"酩酊大醉才被"释放"回去。

"对骂"积淀着毛南族人更深层次的文化内涵，并非两寨结下深仇大恨，而是毛南族人用这样特殊的方式进行一次纪念活动。

相传，很久很久以前，毛南族的祖先来到卡蒲，看到卡蒲山清水秀，土地肥沃，气候适宜，遂开荒种庄稼，起房建屋，定居下来，繁衍后代，过着幸福的生活。有一支异族人看到这里土地丰饶，田园风光秀丽，便想独占这块风水宝地。人强马壮、兵器精良的异族人决定年三十晚前来。毛南族的祖先得知消息后，寨老便召集大家商量对策。大家一致认为，硬拼是要吃大亏的，只有采取疑兵之计，才能击退异族人的进攻。于是全寨男女老少在寨脚和进入山寨的路旁、山坡上插了许多还未点燃的火把，再用藤索将火把串联起来，并在树上挂上许许多多的鞭炮。天快黑时，全寨人马四处埋伏，封锁消息，准备牛角、火药、锣鼓、铜锣等，等待异族人。

是夜，异族人马果然趁着夜色气势汹汹而来。当他们进入寨脚时，突然，一声炮响，埋伏多时的毛南族人点燃火把，拉动藤索，点燃鞭炮，

毛南族山乡不夜天

火龙图案

吹响牛角，敲锣打鼓，顿时，炮声、牛角声、锣声、鼓声，对异族人的大骂声、吼声响成一片，火把晃动，火光冲天，似有千军前来。异族人被眼前的阵势吓得心惊肉跳，闻风丧胆，遂不敢抵抗，纷纷夺路而逃。

有的异族人逃跑时，由于不熟悉地形，被毛南族人捉住，拖进寨子。寨老们亲自给他们松绑，用好酒好菜招待他们，用好言好语规劝他们，让俘虏们很受感动。第二天临行时，还用钱财打发他们回去。

这就是火把节的民间传说。这个传说的精髓，是战事与争夺。战事是血腥的，战事中对待俘虏的手段是残酷的，会让人胆战心惊。然而，毛南族对战事的态度却让人肃然起敬。我们知道，历史将蛮荒推向文明，每个民族都积淀着各自不同的深厚内涵。毛南族这种独特"对骂"的内涵和善待俘虏的态度，是无法用政治、用哲学或用美学的观点去诠释的，也很难准确地表述"对骂"的内容、形式和善待俘虏的方式。但是，这恰恰就是毛南族文化最高明最独特的地方，充分展示了毛南族人的聪明才智和伟大胸怀。

毛南族尽管人少，但他们的胸怀却很宽广。就算是对自己的手下败将，甚至俘虏，也要善待之。让俘虏品尝美味佳肴，劝导卷进战事中的人，要珍惜眼前的生活。

毛南族火把节

火把节的由来，有一个传说。相传很久以前，毛南族的祖先就在卡蒲这块山清水秀的地方生息劳作。一天，有一支异族人将要来侵占他们的地盘。寨老立即召集大家商量对策。最后顺利击退了敌人。从此以后，异族人再也不来侵犯毛南族的地盘。

后人为了纪念祖先的功劳，年年都在除夕晚上将全寨人集中在一起，手持点燃的火把，敲锣打鼓、吹牛角、放炮仗，互祝新年快乐。这个习俗一直保持到现在，毛南族人称为"火把节"。

孙子云：不战而屈人之兵，善之善者矣！孙子的话道出了毛南族的智慧。毛南族的祖先让俘虏大块吃肉大碗喝酒，其目的就是换一种方式向俘虏讲述生活的美好，生命的珍贵。同时，现在的毛南族人通过这种形式，希望自己能保持头脑清醒，像祖先那样高度警惕，团结一致对付潜在的敌人，希望自己在活动中表现出足够的聪明和智慧。

"对骂"结束，双方队伍各自撤回山寨。这时，火把的长龙渐次散开，变成密密匝匝的点点繁星，繁星游动。回到寨中，在宽大的院坝中燃起篝火，全寨老少围成一圈。小伙子和姑娘们则在中央跳起了火把舞。火把舞动作比较简单，只是在不同的队形中左右舞动火把。脚却走正步，叫"龙行虎步"。表演舞火把时，舞者可排成"绞麻花"形，也可排成一字形，互相穿插，每过一个人便互相对拜一次，同时发出"嗬嗬"的吼声，围观者也同时呼号呐喊，讴歌和声。这时候，整个山寨牛角声声，锣鼓齐鸣，为舞者助兴声响成一片。加上舞者颈项、手腕上佩戴的响铃，清脆悦耳，更添了火把舞的古朴风韵。气氛浓烈时，围观者将各自带来的花生、葵花等食物雨点般地抛向舞者，把欢腾的气氛推向高潮。

火把舞风格拙朴粗犷，动作奔放有力，情绪高亢，节奏感强，感染力强，有强烈的生活气息和独特的地方色彩。过去火把舞所表现的内容是祭祀祖先英雄业绩，如今，火把舞的内容已突破祭祖，将辞旧迎新、祈吉纳福、五谷丰登、六畜兴旺、人丁安康等吉祥如意的内容纳入其中，成为一项健康的、文明的、有意义的群众性舞蹈活动，其生命力经久不衰。

火把舞，是火把节的延续，是以舞蹈的形式表达对祖先的崇敬，是再一次对"对骂"和善待俘虏的生动诠释。

火把舞

火把节绣品图案

"喷火"

在这样的夜晚，参加这样的节日，欣赏这样缠绵的歌、旋转的舞，人就会如醉如痴，感到远古的传说在舞姿里复活，让人终身难忘。

● 做桥求花佑子孙 ●

三月，正是桃花盛开的季节。

在这样的日子里，走进毛南族聚居的卡蒲、者密等乡镇的山村，常常会看到热闹非凡的场面——在村口小溪旁，一群老年妇女在举行祭祀活动：在溪边摆放酒肉、糯米饭（其上插有红纸剪的花）等供品，焚香祈祷，用桃木棒做成一木桥形状，搭在溪边，木桥上钉上三色布，旁边安放七颗石墩，一边祭祀，一边唱歌……这是毛南族"做桥"的情景。

夫妻结婚多年，如果没有生育孩子，或者家里孩子体弱多病，就要"做桥"，求子，保子，俗称"修桥补命"。"做桥"时间是每年三月间。第一次叫"做桥"，以后每年都要"暖"一次桥。

关于"做桥"，有一个古老的传说。传说毛南族的祖先曾有一家生五子，五子都陆续死亡。夫妻二人昼夜伤心哭泣。有一天，来了一位秀才，便问夫妻二人为何如此悲伤。他们把伤心事给秀才说了以后，秀才说："只要你夫妻二人愿意做桥，五子就可以还魂。"夫妻二人答应了，就请秀才帮做桥，后来夫妻二人又连生五男二女，七子都健康长大。从此，毛南族人代代相传，兴起了"做桥"，以保佑有后和子女长命富贵。

"做桥"有一定的依据。首先请"塘漂"定幼童开关度"桥"。要按照幼童命理、出生月份来确定。如幼童是金命，六月生的，架6座"桥"；幼儿是木命，六月生的，则架12座"桥"。每一座"桥"都有4句咒语。

"桥"一：长生二三郎，一子落空亡，度化修禄吉，富贵得安康；"桥"二：沐浴六个郎，一半别离娘，毒蛇实不免，未来是鬼郎；"桥"三：男女有遭殃，早早要修祥，修得三个子，不修一个强；"桥"四：度祷一炉香，一个度化郎，投神合吉利，到老是风光；"桥"五：五桥五个郎，天狗在中央，久后多衣禄，到老足成双；"桥"六：一子也难当，鬼祟又来伤，重拜父母吉，外子押身强；"桥"七：生拂有儿郎，只要早焚香，来年多欢乐，一世永吉祥；"桥"八：儿在深山上，命中无损伤，本有三个子，也要福来当；"桥"九：天狗损儿郎，祭拜一儿娘，他年两个子，真假一般强；"桥"十：命里孤儿愁，夫女方可保，外子押身强，老来无烦恼；"桥"十一：儿在松树梢，不想被儿抛，若能修福祥，到老心不焦；"桥"十二：男女命长年，不得一儿全，

七星"桥"

做桥求花

水缸"桥"

指路牌

命有三利色，劝君作福田。

"桥"的种类很多，有沐浴"桥"、隔山"桥"、孤独"桥"、冠带"桥"、安子"桥"、墓官"桥"、太平"桥"、胎官"桥"、养官"桥"、七星"桥"、房门"桥"、火龙"桥"、内门"桥"等。做什么"桥"，"塘漂"要根据主人家的实际情况和幼童所生时辰而定。如没有后代，要架孤绝"桥"；幼儿多病要架太平"桥"；丑时生人要架隔山"桥"、七星"桥"、房门"桥"；寅时生人，要架太平"桥"、火龙"桥"。

确定"桥"的种类和"做桥"日期后，主人家要去通知外家。毛南族有"子孙出在外家门"的说法。"做桥"当天，外家蒸红糯米饭，煮红鸡蛋，剪红花（这"花"为纸花，先用刀将红纸剪成20厘米长的一条，再均等地剪成一长串小口，在香签棒上抹上糯糊，用剪成的红纸条沿香签棒裹，一边裹，一边转动香签棒，将红纸条粘牢，没有粘住的红"须"均匀地"伸"出来），用竹篮盛装红糯米饭，红糯米饭上安放红鸡蛋和插上代表12个月"月月走红"之意的12支红花，并带上些红纱线，邀约亲戚好友，前去女儿家送"花"。外家与主人家约定时间，将"花"送到"桥"上，参加"做桥"仪式。

做桥时，用桃木棒做成一小木桥形状，竖立在溪边

做桥，外家送花

路旁，用石头做成七颗碇，叫七星碇。用红色纱线与一座认为是能保佑的祖坟相连。由做桥人抱"花"走在前面，一直将纱线牵到家。外家也与众人一起，将"花"送到女儿家。

"做桥"时中老年妇女要唱"桥歌"。"桥歌"种类繁多，分为《上坟求花歌》、《安龙歌》、《安龙献土歌》、《求官神地脉歌》、《引花歌》、《舅公送花歌》、《求花歌》、《送花歌》、《栽花歌》、《隔山桥梁歌》、《安七星桥梁歌》、《解过水桥歌》、《解六合桥歌》等。其内容丰富，大多数反映做桥的准备情况、根由、作用等，有祝福、祈祷之意。近亲的老年人前来祝贺，主人家宰鸡、宰鸭、杀猪招待，热闹非凡。

"做桥"，表达了毛南族人对后代的呵护之情，反映了毛南族助人为乐的传统美德。

● 毛南族的"母亲节" ●

迎春节，毛南语叫"寒尾"，这一天，老年妇女要开展祭天活动，倾诉衷肠，过一个畅快的"母亲节"。

祭天是毛南族最隆重、最庄严的祭祀仪式，起源于何时已无从考证。

祭天祈福

毛南族人通过祭天、与天交流的形式来表达自己对于天滋润、哺育万物的感恩之情，祈求上苍庇佑五谷丰登、风调雨顺。

立春之日一大早，老婆婆开始备齐供品和食品，以及萝卜、木牛、簸箕、红辣椒、红毛线、红纸、炊具等物品，三五成群地来到预定的地方聚集，开始了一年一度的祭天活动。

活动开始前，大家先用萝卜做牛：在萝卜身上裹红纸，用红辣椒做牛角，用四根小木棍做牛脚，在萝卜头画牛眼睛、鼻子、嘴巴等，再用红毛线拴几圈。有的萝卜牛是用红墨画身子，红白相间，煞是好看。这些萝卜牛称之为"仙牛"。"仙牛"做好后，将它们放到簸箕内，将带去的木牛围在中间，或者将它们放置在簸箕之外，前前后后排列，如一群赶路的牛，形象栩栩如生。

在毛南族聚居的地方，牛是"灵物"，也是"聪明"的化身。因而人们对牛情有独钟，倍加爱护。出于对牛的崇拜，迎春节这天，老婆婆就要用牛的替身来祭祀上天，祈吉求福。

活动开始时，老婆婆点燃香烛，对天拜三拜，将香烛插在地上后，供奉"仙牛"。老人们口中念念有词，用毛南语祭天。大意是感谢老天，为我们带来阳光，为我们带来雨水，今天，我们用"仙牛"来祭祀你，感谢你，祈求你给我们幸福，给我们欢乐，保佑风调雨顺，五谷丰登，人寿年丰。

祭祀完毕，大家围坐成一圈，点燃炊炉，摆上酒、菜、糯米饭等，大家开怀畅饮，谈天说地，对歌作乐，气氛祥和。

立春到来是新春，山上草木绿阴阴。

一年一个春来到，三混两混老了身。

谷雨到来是新春，阳雀来叫鸟来应。

一年一个春来到，三混两混老了人。

娱乐娱乐把歌唱，迎春日子闹洋洋。

春暖花开幸福到，万物争竞享春阳。

……

老婆婆声情并茂地在山坳里高歌，面对的仿佛不是石头，不是花草树木，而是万千观众，看着她们陶醉在自己的歌声里，那一刻，仿佛整个世界都是她们的，只有她们和她们的歌声，别的都已被忽略，都已经变得不重要了。浸染着风中激荡的曼妙，动人的音韵，不光在火边做厨的两位男性老人忘记了手上的活，就连山坡上树林中的小鸟也忘记了歌唱，枯萎了一冬的小树小草已经在她们的歌声里悄悄酝酿新的生命活力。

迎春节是毛南族特有的节日，于每年的立春之日举行，参加者均为年过花甲的老婆婆，男人一律不许参加。如需邀请一两个男人参加，主要的工作是充当“火头军”，他们在背风处挖坑垒灶，烧火做饭，不允许插嘴和妨碍婆婆们的活动。

这一天，老人们兴高采烈，歌声不断，路上、山坡上变成了歌声的海洋。

一路娱乐一路走，唱首山歌引春来。

一年一春日子走，黄金难买少年时。

欢歌迎春
· ·

一路唱歌一路乐，山歌盛赞好生活。

一年一春唱到老，黄金难买少年来。

……

迎春歌是迎春活动的主要民歌，是老婆婆用她们喜爱的音乐来抒发心情的语言。歌唱作为迎春活动的载体，伴随着老婆婆的回忆、幻想、憧憬，诉说了老人们曾经的人生成长、生产劳动、出门经商、外出打工等一系列的社会生活，真实地反映她们的喜、怒、哀、乐。

岁月如歌，歌如岁月，歌如美酒，岁月越久，酒香越浓烈，越醇美。与其说迎春节是老人们欢庆春天到来的节日，还不如说是她们抒发感情，畅叙人生的节日。

千年树子根连根，群众跟党心连心。

勤劳致富跟党走，同步小康早实现。

大塘无水是从前，现在有水花转鲜。

国家致富政策好，迎春热闹胜往年。

……

山坳里，阳光打在老婆婆的身上，使她们的周身散发出了欢乐的光芒。那一首首从她们内心迸发出的歌唱春光、歌唱岁月的歌曲，充满了对生命、对自然、对亲人的关爱和尊重。对于这些老人们来说，也许只有歌唱才是她们心中最真诚、最纯洁、最有感染力和生命力的部分吧。在这样的歌声指引下，想必春天真就已经来了，来到老人们

祭仙牛祈福迎春

老人们在做"仙牛"

的身边，并随着歌声在这片土地的上空回荡，用我们听不见的语言，与老人们的歌声一道，呼唤沉睡一冬的生命复苏。

　　细细羊毛落金池，提笔难写断头诗。

　　灵丹难医鸳鸯病，黄金难买少年时。

　　细细羊毛落砚台，提笔难写两分开。

　　灵丹难医鸳鸯病，黄金难买少年来。

　　……

　　席间，老婆婆时而侃侃而谈，时而窃窃私语。内容多是倾诉老年人的苦恼，评论谁家儿媳能吃苦耐劳、尊老爱幼、婆媳关系好，议论谁家妯娌和睦，与邻里关系融洽。

　　有时，老婆婆用歌声代替议论。春风中，歌声飞扬。

　　正月里来正月正，我把苦恼说来听。

　　因为儿媳不孝顺，几多苦恼记在心。

　　媳妇不孝从崽起，叫我何处把冤申。

　　二月里来二月间，讲到苦恼说不完。

　　别家儿媳孝父母，双亲快乐像神仙。

　　我的儿媳不孝顺，叫我何处去申冤。

　　……

这是《十二月老年苦恼歌》，道出了儿媳不孝顺的苦恼。歌声刚落，别人劝导的歌又起：

正月劝人正月正，长辈来劝小辈们。

双亲从小抚大你，要记双亲养育恩。

双亲把你抚养大，送你学堂读诗文。

读得书来认得字，才有今天好名声。

二月劝人二月间，父母恩情说不完。

双亲从小抚大你，又费精力又花钱。

送你学堂把书念，不花一千花八百。

读得书来做得事，不把父母丢一边。

……

以歌诉苦，以歌解心中的疙瘩，营造和谐的气氛。此外，老婆婆还要唱《百岁经历歌》、《相和歌》、《敬老歌》等。

《相和歌》这样唱道：

天和地和万物生，两国相和不交兵。

父母相和儿孝顺，兄弟相和家不分。

妯娌相和当姊妹，邻居相和当六亲。

只有和气受欢迎，哪有相打得太平？

好心自有好心报，好强一定不安宁。

迎春节

算来还是相和好，相和二字值千金。

《敬老歌》这样唱道：

老人老来六十三，儿孙满堂闹热家。

妈在门口跌倒了，子孙得见跑来拉。

天亮还在床头睡，半早还在打噗鼾。

儿子得知妈在睡，急忙房中去接她。

牵妈牵走堂屋过，龙头拐杖递送她。

媳妇得知妈起了，舀盆热水递送妈。

妈得热水快洗脸，有锅肉来有罐茶。

牵妈牵走火塘过，筷子碗盏递送妈。

妈你吃肉多吃点，一块不炟（烂）一块炟。

妈说腊肉盐巴咸，多吃一块又口干。

儿子听到这句话，急忙找筷挟盐巴。

媳妇得听这句话，急忙厨房找汤掺。

一把干柴一把火，锅头涨了鱼钩茶。

茶在锅头起鱼眼，倒在茶杯起莲花。

端杯热茶送妈喝，喝了热茶好请安。

歌声悠扬，传递着老人们的思想感情，反映了毛南族人对生活的热爱，对和谐社会的追求，情真真，意绵绵，同时也展示了毛南族妇女尤其是老年妇女的地位和被尊重的程度。

太阳下山，天渐渐暗了下来，迎春节的活动也接近了尾声。老人们对着"仙牛"烧些纸钱，端着木牛返家。到了家中，将木牛放在神龛上供奉，保佑今年丰衣足食，幸福安康。

● 儿女"扶马添粮"孝老人 ●

六月，阳光明媚，正是庄稼拔节的好时光，也是毛南族人农忙告一段落，互相走亲访友的好时节，因而也衍生出毛南族"六月六"女儿节。

毛南族人历来有孝敬老人的传统。凡有 50 岁以上的人家，儿孙都要给老人"添粮增寿"。"添粮增寿"又叫"扶马"。

　　"扶马"之义是希望老人的身体强壮，"狠"（强壮）得像马一样。同时也贯穿尊老爱幼的寓意，即儿女特别是女儿对父母的尊重和爱戴。

　　"扶马"由儿子操办，出嫁的女儿女婿要为老人送衣服、大米，送一只大公鸡作为"扶马鸡"，此鸡不能杀、不能卖，喂得越久越好。老人的外家和亲戚朋友也要送大米等礼物。

　　"六月六"这天，有女儿的人家都要打扫庭院，杀鸡买肉，准备丰盛的菜肴等待女儿女婿一家归来，等待老人的外家和亲戚朋友的到来。有的人家还会杀猪办酒，把邻居、寨上的人也请过来，一起分享"扶马"带来的快乐。

　　"扶马"的仪式由"塘漂"主持。仪式开始前准备五份刻有"福禄寿马"、宽0.2米左右的正方形红纸马图，在堂屋神龛供桌上准备刀头、三色（红、黑、白）糯米饭、女儿女婿送的衣服，在堂屋内准备一只大箩筐、一个大簸箕、女儿女婿送的"扶马鸡"。物资准备完毕，女儿女婿、老人的外家和亲戚朋友到场后，"塘漂"焚香插在神龛上的香炉内，仪式正式开始。整个仪式分为奉请圣母娘娘、"买马"、贴"五方马"、给老人穿衣、"添粮"等步骤。

毛南族夫妇"六月六"回娘家

　　"塘漂"念经奉请圣母娘娘后，进行"买马"。"塘漂"安排一人在屋外装扮成"卖马人"。"卖马人"一根竹鞭当马，胯下骑着竹鞭，在屋外故意高声叫道：

　　"卖马！卖马！"

　　"是哪里的马？"屋内"塘漂"问。

　　"山东大骡马。""卖马人"答。

　　"这么好的马，我买了！我买来送×××（老人名）当坐骑，你要多少钱？""塘漂"又问。

　　"我要360元。"

"好的，你牵进来！"

对答完毕，"卖马人"骑着竹鞭进家，递上竹鞭，收取360元，就表示买到了山东大骡马。

买了"马"，"塘漂"进行祭"扶马鸡"，念道："金鸡，金鸡，你身穿五色好毛衣，你吃了主家多少米，今天拿你做'扶马鸡'。此鸡圣前斗得凶，帮助主家狠如虎；你吃了主家一席肉，病痛得消除，一生不染疾，四季保安康，永远清洁安宁。"

道完，"塘漂"用手掐鸡冠，用鸡血点在红纸马图中马的头上，继续念道："鸡血点绿马，保佑主人福寿长。"之后，将"五方马"中的"东、南、西、北马"贴在堂屋的东、南、西、北的壁板上，将"中马"贴在卧室壁板上。

接着，女儿女婿或儿子儿媳为堂屋中间坐着的老人穿寿衣。"塘漂"则在一旁念穿衣语句：

伏以：

寿堂喜洋洋，请外家、女婿穿衣裳，天官赐福来保佑，保佑主家寿缘长。多谢×××（送衣服人名）送衣布，缝件衣裳送主人。仙人来纺，玉女来织，娥皇二女巧织成。这件衣裳盖（超过所有）天下，穿在身上不冷热、不沾灰、不沾尘，水泡千年不会烂，汗渍千年不会溶。今天穿在主人身，添粮添寿添福禄。

为老人"扶马"——西方白马扶持

为老人"扶马"——北方黑马扶持

穿好衣服，主人退下，"添粮"开始。

"塘漂"念道：

拜财主舍财君，支粮童子说原因，第一支粮禄位君，男生女位在家中；正月送粮奉给你，送粮给你舍财郎，第二支粮送给你，送君六合有添粮……神农皇帝千般谷，天子万散救人民，老人添粮寿彭祖，少人添粮寿命长……东方送来甲乙粮，甲乙属木万年长，木在深山千年树，保你一生得平安……女婿送来一支粮，女婿送粮久远长，世间东床如半子，保牛保马满山岗……

"塘漂"在念"添粮"吉语，众人则将女儿女婿、外家和亲戚朋友送来的米从大箩筐舀出，倒在大簸箕内，表示粮食入库，为老人"添粮"祝寿。

每个送米人送米、舀米，"塘漂"都要念一次"添粮"吉语：

粮又粮，香又香，粮米粮魂，今天"添粮"补命他，福如东海，寿比南山。×××（送米人名）的"粮"来到了，当着祖宗、太白仙婆的面拿送他，粮米入库，主家寿缘长，添粮已毕，富贵大吉！

"添粮"结束，主人家大摆筵席，宴请宾客，大家在欢乐的气氛中喝酒、吃肉，祝福老人健康长寿。

"女儿节"是习俗，尊老爱幼是传统，它们交织成为毛南族人日常生活的幸福时刻。

"女儿节"是女儿的节日，是女性的节日，更是父母的节日。女性在这片土地上用她们的孝心和爱心，凸显了毛南族人男女平等、尊老爱幼的传统美德之光，这些光是属于这片土地所有女性的，是这片土地上女性伟大之所在。

● 人与牛扯不断的情结 ●

"四月八"牛王节，是毛南族人为牛而设立的节日。

"四月八"这天，毛南族人让耕牛放假休息，给牛洗澡，拿糯米饭和盐水喂牛。

毛南族是典型的山地农耕民族，其聚居地山多田少，刀耕火种和挖犁撒种是其主要耕作方法，牛在农业生产中的重要性不言而喻。毛南族农业耕作起步较晚，生产方法较为落后，在长期形成的生产生活中，牛都占据着重要的地位。"牛就是我们的命根子，一个家只要养得有牛，心中便有了一种踏实的感觉。"谈到牛，居住在大山上的毛南族同胞都有着同样的感慨。贵州的毛南族大都依山傍水而居，世世代代与大山为伴，每一个家庭中，都喂养着一头甚至多头水牛或黄牛。牛在毛南族人心目中是财富、高贵、庄严的象征，毛南族对牛的崇拜，产生出一系列与牛有关的文化现象。透过这些文化现象，我们可以感知毛南族对牛崇拜的文化心理。

毛南族地区流传着许多与牛有关的传说和故事。六硐、甲青等地区流传的故事说，牛是跟着毛南族的祖先从江西一道迁徙过来的，当时同毛南族祖先一道迁徙过来的牲口还有马、猪、狗、鸡等，但这些动物都比较狡猾，它们欺负牛老实，把主人分给它们带的东西都拿给牛背，结果等走到安家的地方后，牛就累死了，而其他的动物却一个个活了下来。

卡蒲、河中一带的传说，讲述了牛是毛南族的救命恩人的故事。说是很久很久以前，毛南族居住的大山上有许多老虎，老虎经常从山上跑下来，跑到寨子中不是抓人就是吃牲口，把这些村寨闹得鸡犬不宁，寨寨不安。有一天，老虎从山上下来找吃的，走到山脚的田坝边，遇到了正在吃草的一头老牛，老虎就对老牛说要吃它，老牛就对老虎说："我老了，皮子也硬了，肉也不多了，吃了我还会坏你的牙齿。不如这样，你晚上来，我带你到寨上族长家去，族长家刚添了个孙子，一岁还不到，

门头挂牛角

肥肥胖胖，细皮嫩肉的，吃起来比我香百倍。"老牛的一番话把老虎说得馋涎欲滴。老虎说："你不会是骗我吧？"老牛说："你是大王，我怎么敢骗你，晚上你去，如果吃不到嫩娃娃，你再吃我也不迟，反正我老了，打也打不过你，跑更跑不赢你，你那个时候想吃我还不是易如反掌的事。"老虎想想也是，就说："那我就先信你一次，我先休息去了，晚上你在村头等我，我来看不到你或者吃不到嫩娃娃，看我怎么收拾你。"说完老虎蹿进树林中不见了，老牛急忙回村告诉族长老虎要来吃人的事，族长吓得不知该怎么办。老牛就对他说："你不要慌，办法我已经想出来了，你只要照我说的话去准备就行了。"于是老牛叫族长找了好多刚成熟的毛栗子，到晚上老虎要来的时候放在火塘中，用烫灰捂起，又让族长去河里抓几只大螃蟹放到水缸中，最后在距水缸不远的后门挖一个大坑，坑里放一些削尖的竹签。晚上老虎在村头碰到了老牛，老牛把老虎带到族长家，牛对老虎说："你自己进去，如果族长知道是我带你进去的，你走后他们肯定会杀死我，以后我就不能再给你引路了。"老虎推门进到族长家，看到到处都是黑咕隆咚的，什么都看不到，也不知族长家的小娃娃在什么地方，就随手拿了一根木棒到火塘边去刨火，木棒刚伸进火塘里一搅，毛栗就炸了起来，一股烫灰飞进了老虎的眼中。老虎疼得难受，捂着受伤的眼睛，摸黑来到水缸边，想把眼里的烫灰洗尽，头刚伸进水里，就被两只大螃蟹紧紧夹住了鼻子，气就出不匀了。老虎眼睛被烫，鼻子又被螃蟹紧紧夹住，又疼又怕，它看到水缸边的后门是开着的，就想从后门跑出去，脚刚跨出门槛，就落入了大坑中，坑里锋利的竹签把老虎穿成了筛子眼。老虎被除掉了，牛成了毛南族的救命恩人。

　　在毛南族的民间故事里，牛不光是勤劳、憨厚和善良的代表，还是毛南族从古至今一直崇拜的保护神，是庇佑村寨的神灵，他们相信，因为牛的保护，居住在大山中的世代子孙才得以繁衍至今，供大家安居的村寨才得以昌盛不衰。传说归传说，除了传说，毛南族对牛的崇拜是有目共睹的。正是因为对牛衍生的崇拜，毛南族逢年过节在祭拜祖先的时候，才要到牛圈边去点香拜祭，在过年家人吃团圆饭时先给牛喂一点荤食，让牛与人一道享受春节的快乐。毛南族还把每年的农历四月初八定为"牛王节"。到"四月八"这一天，不管多忙，毛南族同胞都要让耕牛歇息一天，把牛牵出去洗澡，给牛喝盐水，还要蒸花糯米饭来喂牛，给牛以最高的礼遇，像服侍自己的老祖宗一样服侍牛的生活起居。毛南族同胞认为这一天应该是牛做主的日子，人要把

游客参与欢度牛王节

幼儿口水兜做成牛头状

自己摆放在从属者的地位，不能强迫牛，还要帮牛做事，给牛以尊严。如上所述，毛南族把牛看做是他们的伙伴，他们的朋友，甚至还是他们的救命恩人。

与其他山地农耕民族一样，毛南族非常敬重祖先。传说在很久很久以前，毛南族的祖先迁徙到这片土地的时候，由于牛累死了，没有牛耕地，种的粮食不够吃，生活很困难，祖先迫不得已，就去偷别人的牛来耕地。把牛偷到手后，为了不被发现，他们让牛走前面，在牛背后赶着一群鸭子，这样牛的脚印就被鸭子脚印盖住了。有了牛耕地，毛南族人的日子也慢慢好过了。

毛南族一直认为偷盗是很耻辱的事，尽管迫不得已，祖先还是觉得偷牛很可耻，为了不被发现，也为了照顾好牛，他们把偷来的牛关在家中，与人同吃同住，悉心照料，本想等耕完地种好庄稼后就牵牛去还，可是等他们种好庄稼牵牛去还的时候，被偷的那户人家却不知道搬到什么地方去了。

牛没有还成，偷牛的祖先一直感到很内疚，临死时，他嘱咐后代子孙们把他偷来的那头牛杀了，让他牵到那边去还给被他偷的那户人家（毛南族认为人死就是回归，人死后灵魂就会回到他原来生活的地方，还会继续新的生活）。这位祖先还怕儿女们舍不得，不照他的话办，又把外家人找来，交代说他死后牛必须由外家德高望重的人来宰杀，而且不能用绳子捆绑牛，杀牛前要给牛喝酒，在牛似醉非醉时宰杀，牛才不会疼痛，到那边后不光找到回家的路，还会自己走到家。从此以后，毛南族的先人去世，儿女都要宰杀一头牛来安葬逝去的亲人，其目的是让这头牛与逝去的亲人生死相随，还有一个寓意是让逝去的亲人在那边也能有牛耕地，得到牛的保护而安居乐业。这个传说也从侧面反映了牛对毛南族农业耕作的重要影响，也反映了牛在毛南族农业生产活动中的重要作用。传说终归是传说，从过去到现在，毛南族人的牛圈一直建在家中，牛与人一起居住生活，也充分体现了毛南族人对牛的尊重和爱护。毛南族人养牛，一般都采取野牧方式放养，这是把牛放归大自然，有祈求祖先保佑风调雨顺、平安吉祥之意。

　　毛南族还把对牛的崇拜镌刻在他们经常看得见的地方，比如起房的时候，要在房子大门的两边安放两个"牛头"。过去的牛头都是经过精雕细刻安放上去的，后来虽然简化为两棵木柱，但仍称"牛头"；以前有的人家还会在大门边的台阶下，摆放两个"牛角"形的石雕，家中用来脱谷的木碓，支撑碓尾的两个石雕，也是两个"丫"形的牛角桩。毛南族村寨用来祭祀、庆典，或举行重大活动所敲的铜鼓、家里用来装水的石缸、猎人用来装猎枪子弹或火药的牛角，都深深打下了毛南族牛崇拜的烙印。从各种传说以及形形色色的牛形雕像中也不难看出，毛南族崇拜牛，其中一个重要原因就是为了祈求谷物丰产、庄稼丰收、平安幸福、安居乐业。

长廊上挂牛角

NUOXIANGWUCAI
糯香五彩
ZUI
XIANGSI
醉相思

● 醇甜米酒醉客人 ●

　　走进每一个毛南族村寨，走进每一户毛南族人家，印象最深的是毛南族人的好客和毛南族人的美酒。迎宾的拦门酒，让你刚进寨门就醉在毛南族妹子的歌声里，那一碗碗醇香清柔的米酒伴随着毛南族妹子的热情暖暖地注入你的心灵。你醉了，笑脸灿烂如花，沉醉在毛南族人的热情和毛南族村寨的纯朴里，沉醉在从容和舒缓的乡村生活节奏中。你走进毛南族人家，那待客的家宴酒席上，同样少不了酒。毛南族人讲究无酒不成席，无酒不成礼，招待客人无酒不欢，不管会不会喝，能不能喝，在酒席上礼节性地干上三杯那是必不可少的。毛南族人重礼节，开席主人必敬三杯酒：第一杯为客人接风洗尘，第二杯贵客临门好事成双，第三杯三杯通大道友谊长存。敬酒需碰杯，碰杯一口干。三杯过后，不能喝酒的宾客可以随意，能喝酒的宾客，主人必尽力频频劝酒，务使宾主尽欢尽兴才是待客之道。不可想象，如果毛南族人的生活里缺少了酒，那会是怎样的无趣。

毛南族人喜欢喝酒，但毛南族人并不嗜酒。酒是毛南族人生活中的调味剂、助兴剂，能给人们带来快乐和满足。在毛南族地区不仅有客人来访，家里举办红白喜事，或者走亲访友，节庆活动要喝酒，就是在日常生活中也离不开酒。村民日常劳作，日出而作日落而归，劳累一天之后随意准备几个小菜，从自家土坛子里打上几碗米酒，家人围坐细啜慢饮，男人多喝点，女人陪一杯，孩子抿一口，谈生活、谈收成、话家常，共享天伦，其乐融融。这种美妙的感觉，这种和谐的氛围，不喝酒的人是无法体会得到的。因此，毛南族人家几乎家家会酿酒，户户会制曲。

秋收过后，家家户户开始酿酒，大米、苞谷、高粱、红薯、小麦等都可作为酿酒原料，发酵的酒曲多是自己上山采集草药自制的，做酒时选定日子，先把原料煮熟，摊在竹席上，晾冷后均匀撒拌酒曲，然后装入木缸或坛里发酵。冷天放在火炉边或用棉被、苞谷叶、棕皮盖上保温，待发出酒香味时即可上锅蒸制。蒸制时，底

毛南醇

毛南醇是贵州毛南族聚居区自酿米酒的通称。以大米、苞谷、小米、高粱、红薯、芭蕉芋、南瓜作为原料。过去都是自采草药自制酒曲，现多在市场上购买酒曲。所酿之酒度数不高，一般为 20°～30°，入口醇香，但后劲十足，多饮必醉。毛南族聚居地区比较有名的是"三月桃花酒"和"九月重阳酒"。

酒甑

层用铁锅装已充分发酵的原料，中间用漏锅做蒸锅，上面是"天锅"装冷水起冷凝作用，灶头用微火加热。随着温度上升产生水蒸气，水蒸气遇到"天锅"里装的冷水而凝结成水珠，顺着蒸锅边特开的小孔流往灶边的酒坛里就得到了醇香的米酒。"天锅"里冷水变热后及时换水，流出的酒水根据主人的口味决定要几锅水，待没有酒味后停止蒸制。这样蒸制的米酒，酒精含量很低，酒精度数一般为20°～30°，酒味醇厚，酒性清柔，只要饮用适度，有益无害。但毛南族米酒后劲很足，不知酒性者，多饮必醉。

毛南族聚居地区比较有名的是"九月重阳酒"。具体做法是：烤酒时取蒸制的第一锅天锅水变热前接的头糟酒数十斤装坛，用糯米做成甜酒连米糟一起用布袋装好，将蒸好晒干

冰糖甜酒糟辣

贵州毛南族喜食辣椒，做糟辣很讲究。根据不同的口味和用途，糟辣也有不同的做法。但最有名的要数冰糖甜酒糟辣。主要原料：毛南族地区自产的细长红辣椒（香、辣、肉头不厚），本地产的大蒜或薹头，食盐，自酿甜酒，冰糖。做法：将辣椒除柄洗净，用刀剁碎，不要用机器打碎，以保证较长时间的新鲜口感。大蒜或薹头剥好洗净切碎。放少许盐，搅拌，装坛。过了2～3天，打开坛盖看看辣椒上是否已经呈黏稠状，并一直冒泡泡，接着放入自酿甜酒、冰糖，盖上坛盘盖，放水把坛盖和坛子的接缝处淹没，形成彻底的无氧环境。这样，放置发酵7～10天，冰糖甜酒糟辣就做成了。毛南族的冰糖甜酒糟辣色泽鲜红，辣椒和甜酒酿红白相间，酸、辣、微甜，口感独特，营养丰富。可以单独吃，也可以用来拌凉菜，或作烧制酸辣菜的作料，是开胃佳肴，佐餐上品。

的刺梨果（也有的放拐枣[枳椇]、糖郎灌[金樱子]）泡在酒里，有条件的还加蜂蜜，装在土坛子里，用黄泥封口，挖坑把坛埋进去，上面盖泥巴，窖一年左右，在第二年重阳前后把酒坛刨出，冲洗干净，撬去封口泥，取出饮用。此酒酒滴成线，酒色微黄，酒味醇香，是家酿酒中的上品，是"毛南醇"的典型代表。在毛南族地区开坛"九月重阳酒"待客，那是最高的礼遇。有歌云："九月初九是重阳，毛南儿女酿酒忙。糯米煮出重阳酒，毛南美酒十里香。"

　　毛南族人饮酒还有一种特殊的习惯，那就是喜欢在蒸制好的酒里加入甜酒汁，一段时间后，酒味变得微酸带甜，清淡可口。夏季劳作，赤日炎炎，背上一壶酒上山下田，当挥汗如雨，口干舌燥之时，喝上一口，真如甘露，劳累疲惫一扫而光。

　　毛南族以酒待客，以酒敬人，还常常以歌助兴，以歌传情。贵客到家后，要唱迎客歌敬酒：

> 昨晚得听贵客来，手提扫把去扫街。
> 手提扫把去扫路，扫条大路等客来。
> 远方贵客没乱来，家中酒坛没乱开。
> 贵客进家才开酒，滴滴米酒表心怀。
> 好水生在凉水井，酒药长在鞍山顶。
> 表妹走了三天路，采得酒药才半斤。
> 抬水抬得肩膀破，一缸清水清又清。
> 多年窖酒今日开，贵客不喝我多心。

　　在酒席上，主人和客人也常常乘兴对唱酒歌，毛南族酒歌内容丰富，如日月星辰，民族族源、历史、山川草木，乃至对村寨及主人的称赞等。往往是以主人和客人一

毛南族火把鱼

　　贵州毛南族火把鱼，主要见于平塘县者密镇，是用柴火烘烤成的一种独具风味的干鱼，是贵州毛南族食品中的一绝。平舟河下游六硐河、打密河、苗拉河、拉干河流经的者密镇毛南族聚居区，河中多小鱼，味道绝美。小鱼一般重量为50～150克，因不便保存，打鱼人用竹签将鱼穿连成一串，放在柴火上烘烤，直至烤熟烤黄。吃时一般采用干炸法，先将鱼串上的鱼逐一取下，去掉鱼肚内的杂物，用沸菜油将鱼炸脆放盐食用；也可将炸好的鱼与青椒或者干辣椒、花生米、炒黄豆等同炒食用，味道鲜美。这是毛南族地区佐餐下酒的好菜。

挑酒待客

美酒飘香

唱一和的方式进行，通过对唱，传播知识，联络感情，增进友谊。如：

主人：地瓜老来地瓜熟，老人越老越享福。
公你喝了这杯酒，公你坐到一百六。
地瓜老来地瓜香，老人越老越安康。
公你喝了这杯酒，祝贺公的寿缘长。

客人：人在世间老来难，来到主家喝杯茶。
主家来敬这杯酒，祝贺主家子孙发。
人在世间要宽心，来到主家有酒吞。
喝了主家这杯酒，祝贺主家发子孙。

主人：大田大坝麦子青，麦子盘酒绿茵茵。
麦子盘酒没成酒，拿来席上送客吞。
客你喝了麦子酒，寿缘坐到一百春。

客人：记得那年粮食关，吃不饱来坐不安。
一顿才吃二两米，哪里有酒来就餐？
今天吃饱又饮酒，全靠邓公老人家。
记得一九五九春，吃不饱来坐不成。
一顿才吃二两米，哪里会有酒来吞？
今天我们生活好，全靠邓公他老人。

酒席上的宾主唱和，随意而轻松，想到什么唱什么，靠的是机智和灵活，往往酒喝到高潮之时，仿佛已经不是在喝酒，而是在娱乐了，这样的环境，这样的气氛，让人们在喝酒的同时，释放自己，享受快乐，让美酒伴着好心情抒发快意人生。

● 五彩生活美难收 ●

有一种甜美，那就是爱情；有一种牵挂，那就是美食。

在贵州毛南族聚居的地方行走，除了风光旖旎、景色迷人之外，那就是动人的民间爱情故事和色彩斑斓、芳香可口的五色花糯饭。

花糯饭是毛南族民间食品之一，它起源于何时，已无从考证，但它与毛南族传统节日——"三月三""母亲节"有着密不可分的联系。清乾隆年间的《南龙府志·地理志》记载："其俗每岁三月初……食花糯米饭。"这说明"三月三"是一种风俗，这时要吃花糯饭。

而在毛南族民间，关于"三月三"吃五色花糯饭的由来，流传着一个美丽动人的故事。

相传很久以前，在马鞍山脚下，有一个村子。村上有一户人家，家中有一个少女，叫枫香，年方二八，不但是百里挑一的美女，而且是远近闻名的歌手。她嗓子好，歌声甜。在山中唱歌能将猴子哄下树；在寨里唱歌，能打动年轻后生的心。因此，到她家提亲的人踏破了门槛。可她有个条件，必须对歌。谁能对赢，就嫁给谁。可四乡八寨的年轻

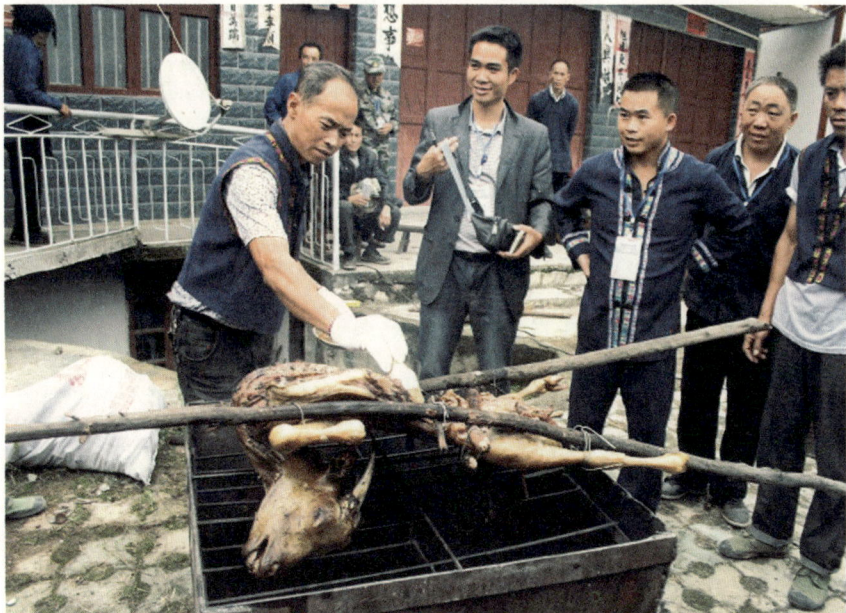

烤肉佐酒，感情长久

枫香树叶

后生哪是她的对手？几个回合就垂头丧气地败下阵来。

　　这天，枫香在山里唱歌。歌声飘出森林，飘向云天之外。不曾想，歌声惊动了东海龙宫外出在天空巡游的白龙。他按下云头，摇身变成一个后生，来到枫香跟前。见到枫香，被她惊人的美貌所打动，顿生爱慕之心。遂与她对起歌来。你唱一首，我还一首，他们对了三天三夜都分不出胜负。枫香也被眼前的这位后生迷住，深深爱上了他。

　　你有情，我有意，渐渐地，两颗心紧紧贴在一起。他们对天发誓，今生今世永远相爱，海枯石烂不变心。

　　然而，他们的婚事却遭到东海老龙王的坚决反对，认为人神不能结合在一起。于是，多次派卫兵来催促白龙回宫，可白龙坚决不回去。老龙王没有办法，只好请来天兵将白龙捉了去。枫香眼见心上人被抓走，悲痛欲绝，边追边喊，白龙的身影已消失在天边，她还在痛哭不已。

　　狠心的老龙王抓住白龙后，将其关押在老朋友阎王的十八层地狱，让他挨饿受冻。

　　白龙被抓走后，枫香每天都要到养鹤山上眺望远方，等待情人归来。

枫香的诚心打动了养鹤山山神，山神就向她泄露了天机，告诉她白龙被关的地点以及挨饿受冻的情况。

枫香非常感激山神的指点。回到家后，急忙做好饭菜，带上衣服就去阎王殿看望白龙。

十八层地狱层层都有小鬼守门。枫香拎的一篮饭菜香气扑鼻，惹得小鬼们口水直淌，伸手就抢。等枫香来到十八层地狱，篮子里的饭菜已被小鬼们抢光，白龙一口也吃不到，仅仅得到她带来的衣服。

回到家后，枫香又去请教山神。山神帮她出主意，说："你到山上采些枫香叶、密蒙花、红兰草，将它们捣烂，用汁水浸泡糯米，蒸出黑、红、黄、紫、白的五色糯米饭，你再送去，保证小鬼们不会再抢了！"

按照山神的吩咐，枫香做了五色花糯饭送去，守门小鬼们揭开篮子看到染过的花糯饭，花花绿绿的，认为有毒，果真不抢了。白龙也就因此而吃上了饱饭。从此，枫香天天送饭，白龙的身体一天天壮起来，两人的感情也日益加深。

老龙王思前想后，总觉得关儿子也只能关住他的身，不能关住他的心，长此下去也不是办法，于是写信通知阎王放了白龙。

白龙走出地狱的这天正好是三月初三，枫香把白龙接到家后，他们做了五色花糯饭去祭山神，感谢山神的关照，并将饭分给乡亲们吃。它色泽鲜美，味道纯香，乡亲们也非常喜欢，纷纷效仿枫香做起了五色花糯饭。

到了晚上，白龙和枫香跪在马鞍山下，叩拜山神，对着大山结为秦晋之好。接着，他们亮起歌喉，唱起了情歌。歌声引来了四邻八寨的年轻人前来观望，年轻人也利用这个机会对歌，寻找意中人。

渐渐地，"三月三"便成了毛南族的

红兰草

密蒙花

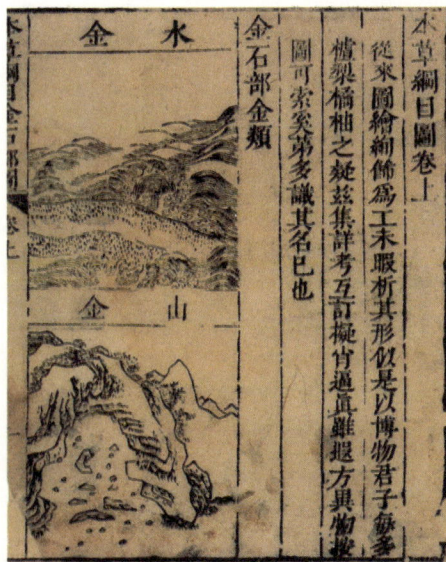

《本草纲目》书影

一个固定节日。"三月三"这天，人们做五色花糯饭祭山神，以求风调雨顺，而青年男女则对歌，寻觅爱人，浓烈的节日氛围一直要延续到三月初五。五色花糯饭也就成了节日里的特色食品。

做五色花糯饭所使用的是枫香叶、密蒙花、红兰草等可食用的植物。黑色的染料是枫香叶，将鲜嫩的枫香叶放在石臼中捣烂，加少许水，捞出叶渣滤净，即得到黑色染料液；紫色的染料也是枫香叶，即将过滤好的黑色染料液再多加些水，就可以得到紫色染料液；黄色的染料是密蒙花，三月间，正是密蒙花盛开的时节，到山上采下密蒙花，将其晒干，用时将密蒙花煮水，就得到黄橙色的染料液；红染料是用红兰草经水煮而成；白色即为糯米的本色。

提取四种汁液出来后，分别把不等量的糯米放入其中浸泡一天一夜，等其上色后放入木甑中蒸熟，便可蒸出黑、红、黄、紫、白（糯米本色）五种颜色的糯米饭。这样做出来的五色糯米饭色泽鲜艳、五彩缤纷、晶莹透亮、香气沁人心脾，质地滋润柔软，食之味道鲜美，醇正平和，且有微甘，回味无穷。并且用天然植物染成的五色糯米饭，既美观美味，又含有大量人体所需的营养，具有一定的药用价值。红兰草有生血作用，清代《侣山堂类辩》记载："红花色赤多汁，生血行血之品。"枫香叶，有祛风、活血、止血、生肌、止痛、解毒的功效，李时珍在《本草纲目》里说枫叶"止泄益睡，强筋益气力，久服轻身长年"，还说用枫叶煮成的青精饭，人食之能"坚筋骨、益肠胃、能行、补髓"。密蒙花具有清热养肝、明目退翳的功效。

　　五色花糯饭蒸熟后便可以食用，食时，枫香叶、密蒙花、红兰草等植物的香味溢出口来，在空气中弥漫，色香味俱全，令人难忘！如果蘸糖或者芝麻等食用，则又是另一番滋味在心头。五色花糯饭冷却后变硬，还可以采取另一种吃法：用铁锅添油文火炒之，配上香肠或鸡蛋，加上葱花、芫荽等，那味道更是令人垂涎欲滴。

　　当然，在毛南族人的心目中，糯米饭有着更深的文化内涵。

　　当"哩啦哩啦"的唢呐声和"噼里啪啦"的鞭炮声在山间飘荡的时候，村民们知道，一定又是寨上哪家有喜事或丧事了。唢呐与鞭炮传递的信息在山间流淌，招引来了亲戚朋友。既然来了，免不了要送上一份礼物，而所送的礼物当中，必定是与糯米有关。若是结亲嫁女，就将蒸熟的糯米饭倒在粑槽，用粑棍捣烂，取出，分开，做成圆盘状糍粑，在粑面上画上花、草、鸟、兽，装进篮子抬着送去，以示祝贺；若是

五色花糯饭

老人去世，则用提篮装上白色糯米饭，饭上盖上几尺白布，带上香纸，前去凭吊，表示对死者的哀悼；若是进新房，外婆家要蒸五色花糯米饭，作为祭奠祖宗的祭品，祝愿主人家未来的生活五彩斑斓；若是"做桥"以庇佑子孙身体强壮，外婆家除了送红鸡蛋、红绒线外，还要送红糯米饭，预示主人家子孙前程红红火火。

　　在毛南族聚居的平塘县六硐村，至今还时兴五彩饭拦门的习俗。主人家在八仙桌上放簸箕，簸箕里呈扇形摆放红、黄、绿、黑、白五色糯米饭，圆形的那团五色糯米饭直径有20厘米，其上竖立一条形石头，圆心缀以嫩绿的枝叶和红、黄、绿、黑、白五色鸡蛋。簸箕的前方斟上三杯美酒，八仙桌的四周各放上长凳一条。这是平塘毛南族同胞最具特色的迎宾礼仪，主人家唱迎客歌，要客人喝酒、吃五彩饭后方可进门。

　　五彩饭寄托着毛南族人民对美好生活的憧憬，希望大家的日子过得殷实滋润，丰富多彩。红蛋和绿叶各有含义，红蛋代表男孩，绿叶代表女孩，既有阖家大小欢迎来客之意，又有祝愿客人家儿女双全，家庭和谐，幸福美满的含义。五彩饭中立石则表示主人家待客的情谊

五色的祝福

是真心实意，歌词表达的也正是衷心祝愿的肺腑之言。

由此可见，糯米以及包括五色花糯饭在内的糯米制品已深深扎根于毛南族人的心中，融入了毛南族人的喜怒哀乐，展示了毛南族人的智慧及其深厚的民族文化底蕴。

行走在贵州毛南族聚居地，你会被枫香与白龙的爱情故事深深打动，会为五色花糯饭而留恋，更多的是为毛南族深厚的文化底蕴而自豪和骄傲。

顺着爱情的甜美，寻觅牵挂的美食，向人生的纵深处不断地行进，也许就是一个人最原始的精神和物质的追求，也许就是一个人一生的全部。

毛南族酿豆腐

这是贵州毛南族聚居区的一道常见菜。原料主要有豆腐、猪肉（肥瘦）、韭菜、鸡蛋、花生、芝麻、葵花籽、花椒、食盐、香油等。做法是：先将花生、芝麻、葵花籽等炒香，用擂钵捣碎，猪肉（肥瘦）剁成肉泥，韭菜切碎，和在一起打入鸡蛋，撒上花椒粉、食盐，滴入香油等拌匀作馅，再将豆腐切成三角形，在一边开口灌入馅料。全部灌好后，锅置中火，加菜油适量，烧至七成热，将酿豆腐逐个放入锅中，随煎随翻，煎至两面都呈金黄色即可。吃时可以上甑蒸，也可以下锅煮，味道鲜美，香味独特，令人百吃不厌。

● 黄豆下酒，久长久有 ●

提起黄豆，与之相连的是儿时难忘的记忆。那时，物质匮乏，饭都吃不饱，经常处于饥饿状态。火塘里撒放的一把烧苞谷、黄豆米，都是解馋的美味零食。记得小时候，我们一群小伙伴经常在晒过黄豆的场院上搜寻捡拾一粒粒的黄豆，仔细地存放在荷包里，然后从家里的火塘中撮出烫手的柴火灰将黄豆撒在里面，轻轻地搅动，随着一阵细脆的响声，那诱人的香味就从灰堆里直窜出来，钻入鼻孔。捡起一粒粒香脆的黄豆送入口中，那种感觉不亚于现在的孩子们享受美食的快乐。最为开心的是，每当家里新砍了猪槽，奶奶就会炒很多黄豆撒在猪槽里，让我们一群小孩子去抢食，那种情况下我们非常乐意扮演撒欢抢食的小猪，开心地寻觅一颗颗的黄豆。

如果家里来了客人，饭桌上就会多出一碗油炒的黄豆米，那个味

彩绘糯米粑

道确实好，但那是给客人下酒用的，小孩子可不能太频繁地将筷子伸向那个装黄豆米的碗。饭桌上的心痒难耐，就是一种折磨，儿时的黄豆米，就是一种美味的诱惑。

过去，在毛南族人家，炒黄豆是和酒联系在一起的，毛南族人平时待客以酒为大，但因条件所限，没有什么好的下酒菜，一盘炒黄豆可能就是最好的下酒菜了。所以直到今天，在贵州毛南族聚居区还有"好朋好友，黄豆下酒"和"黄豆下酒，久长久有"的说法。关于黄豆下酒，在毛南族聚居区还流传着这样一个故事。

在毛南族山寨，有一个聪明美丽的女子，名字叫香妹。她的父母都是聋哑人，在寨邻的帮助下把她养大，长大了的香妹学会了酿酒，每到赶场天，她就把米酒背到场上出售，整个家庭就这样靠她支撑着。

她酿的米酒很好，但卖酒的人太多，再好的米酒也卖不了多少。为了把酒卖出去，香妹想了一个办法，就是把黄豆炒熟，当作下酒菜，在客人来尝酒的时候，抓一把给客人下酒。慢慢地，她的酒和她炒的黄豆伴随着她的善良和美丽一起出了名。每到赶场天，她的酒卖得最快，特别是在人们知道她的家庭情况后更想帮助她，在大家的关心帮助下，她家的生活慢慢好了起来。

有个财主老爷看上了香妹，经常到香妹家纠缠，要逼香妹给他当小老婆，香妹不从，财主老爷就派人害死了香妹的爹娘，烧了香妹的家，抓走了香妹。香妹死活不从，乘看守的家丁防备松懈之机，香妹放火烧了财主的房子，自己也冲进火海之中。香妹死后，人们每当喝酒之时，总会想起香妹，想起香妹的酒，想起香妹的炒黄豆。所以，大家在一起喝酒的时候就会炒一碗黄豆来下酒，边喝酒边谈论香妹。酒就喝得很慢很慢，感情就会在喝酒的过程中慢慢加深。因此，"好朋好友，黄豆下酒；黄豆下酒，久长久有"的说法就在毛南族聚居区流传下来了。

后来，生活好了，但这个习惯一直没有改变，改变的只是炒黄豆的做法。后来的酥黄豆、蚂蚁背蛋等菜肴就是对炒黄豆的发展。酥黄豆是将黄豆加水泡胀，沥干水分，放入冷油锅中，用中小火慢慢炸至金黄色即成，是下酒的好菜。而蚂蚁背蛋，实际上就是黄豆炒鸡蛋，是贵州毛南族聚居区最为普遍的下酒菜。过去，它是毛南族人家待客的无奈选择，现在，它也登上了大雅之堂。在贵州毛南族聚居区的酒店宾馆里也出现了它的身影，并且很受欢迎。当然，做法上也有了改进，过去是直接在炒黄豆时打入鸡蛋翻炒即可，现在要把黄豆提前泡好，炒至酥脆再打入鸡蛋，加上香油、香葱，味道当然更好了。

蚂蚁背蛋，一道毛南族特色下酒菜，在不同的人家，会炒出不同的风味，每一个毛

毛南族皮牛

毛南族皮牛一般选用两岁以下的黄牛来做。将黄牛宰杀以后，首先要用热水浇透，然后趁热刮毛，刮净后用火烧，再用刷子刷洗，把牛皮毛囊里的毛清除干净。分割牛肉时要注意让牛皮和牛肉连在一起。炒制前要对牛肉进行初步加工，先将牛肉入锅内煮至断生，捞出切成片。准备配料和调料：尖红椒、黄豆、白萝卜、青菜、盐、料酒、姜片、花椒等。净锅置旺火上，放油烧至六成热，放入牛肉煸炒收水倒出。重新加油烧热后加姜片、黄豆、干椒炒香，放入料酒、花椒、牛肉翻炒，加入鲜汤，放盐调好味倒入高压锅内压12分钟，出锅盛入垫有白萝卜或者青菜的干锅内即可。吃时可保持小火，越吃越香。尤其是炒在牛肉里的黄豆，别有风味。

蚂蚁背蛋

南族女子将这道菜端上桌子的时候，不仅端上了自己的热情，更是端上了自己的智慧。如果你有幸到毛南族山寨做客，就去尝尝毛南族风味美食蚂蚁背蛋吧，它会让你在酒酣耳热之际，醉意朦胧之时，感受"黄豆下酒，久长久有"的真谛。

● 满口回香相思肠 ●

相思肠

小时候，特别喜欢过年，过年时可以穿新衣服，放鞭炮，可以尽情地玩耍。过年时还可以从长辈那里要红包，还有肉吃。

贵州毛南族过年时讲究杀年猪，杀年猪意味着年节开始了。所以现在在外面工作的人，每到年关，在老家的亲人总会提前询问能否赶回家杀年猪。而在外的游子也以能赶回家和家人一起杀年猪当作真正的回家过年。如果因为太忙，没能在年前到家杀年猪，那总是一种无法弥补的遗憾。

贵州毛南族过年必杀年猪，杀年猪有诸多讲究，要提前请亲族帮忙，还得请至亲好友来吃"庖汤"，请到的人要欣然前往，这样请客的人和被请的人都有脸面。如果该请的人没有请，被请的人故意不来，这都是失礼的行为，往往会造成亲友之间的误会和隔阂。"吃庖汤"时，主桌上坐的都是家族中的重要人物，讲究吃全猪席，猪头、猪耳朵、猪尾巴、猪杂碎、猪脚都必须上桌。

杀猪的日子一般要选择农历的单日子，农历腊月二十三、二十五、二十七、二十九是毛南族人集中杀年猪的日子。毛南族人杀

相思肠

　　年猪时要祭祖，先要给祖宗上香，准备好其他供品，然后把年猪拖到堂屋，架到案板上。

　　杀猪时讲究一刀捅进去，血很顺畅地流出来，不用再补刀。猪断气前要用纸钱粘上血，烧给祖宗，表示祖宗得享用。而且还要特意让一些猪血洒在堂屋，表示满堂红以图吉利。猪断气前顺势将猪翻身，表示来年还要喂出大肥猪过年。

　　猪血开始流出来的时候要先接一钵，及时搅拌不许凝结，待给猪开膛破肚后，取些网油、杂碎，加入葱、姜、蒜等作料炒好兑入生血中，冷却凝结后就成了"生血"。能够做出高质量的"生血"，表示来年大吉大利，一切顺利，主人家是非常高兴的，这是吃"庖汤"时最值得夸耀的事。判断"生血"是否成功的标志是猪血兑好一段时间后，用筷子插入，如果筷子立得起来就算成功，筷子立不起来就是没凝结，则不成功。

　　除此之外，毛南族人杀年猪还要做血灌肠，毛南族人把血灌肠叫"崩"。因为贵州毛南族人最重视过年时的家人团聚，不管离家多远，

相思肠

　　若没有特殊原因一定会赶回家过年，并且要赶在杀年猪前到家。年年都要杀年猪，年年都要做血灌肠，所以"崩"就有了另一个名称：毛南相思肠（长）。

　　"崩"的制作是杀年猪过程中一个比较精细的活。清理猪小肠要特别认真，小肠上的网油不能刮得太干净，在清理猪粪时不能让小肠破损，并留下猪肚子作灌制时的漏斗。"崩"的灌制用料是猪血加水，撒上适量的食盐，掺入米浆及姜丝、葱末、花椒面混合拌匀。灌制时用麻线将小肠的一头捆紧，然后以猪肚子为漏斗进行灌制。灌制过程中要掌握分量，且不能太紧，用麻线将小肠捆成均匀的小节盘好，然后放到盛有水的铁锅里去煮。当煮到一定程度时，灌肠的表皮上会出现许多小白点，这时需要用针将其刺破放气，使其不会因发胀而爆裂。因此，还需要有人在旁不断地加工处理，边放气边用锅铲把"崩"压入沸水中，直至"崩"煮熟煮透才能出锅。出锅后滤干水放一会儿，大家就会先割上一节来尝尝。这是毛南族人家杀年猪最热闹的时候，寨子上的小孩子都会过来拿上一节相思肠开心地吃起来。正餐的时候还可将它一小块一小块地切下来，装在碟中，那也是下酒不可多得的美食。煮过"崩"的肉汤浓酽油亮，加上大米煮成血稀饭，味道独特。这也是毛南族人家杀年猪必不可少的美食。

现在，毛南族聚居区不仅是在过年时做相思肠，平常杀猪时也在做，并把它发展成了具有民族文化特色的小吃。

生在毛南族人家，吃遍寨子里每家杀年猪时灌制的相思肠，是儿时最快乐的事。那时，年关时节，每天清晨，都能听到捉猪杀猪时肥猪的哀嚎声，对孩子们来说，那是激昂的起床号。麻利下床的伙伴很快就涌到了杀猪的人家，看着大人们刮净猪毛，开膛破肚，取出内脏，翻洗肠子，灌制血肠，然后入锅煮熟，很快就可以吃到美味的相思肠了。不管到哪一家，小伙伴们最期待的就是那一节相思肠，一旦拿到热乎乎香喷喷的相思肠之后，那头猪的命运和那些猪肉的归宿就与我们无关了。不知是村寨约定的规矩，还是毛南族风俗如此，杀猪的人家从不怠慢寨上的小孩，只要有小孩来到就一定会割一节相思肠给孩子，并热情地安排孩子们吃饭，但小孩子都不会吃饭，拿到相思肠后就离开了。年前，杀猪的人家很多，孩子们这家拿一节，那家拿一节，吃得肚儿滚圆，根本就不会想吃饭。当然，也有那种平时待人不好的人家，杀年猪时光顾的小孩子不多，这会让人看不起呢。

儿时吃多了相思肠，年关逼近，就会很想家，想念相思肠的味道，想念毛南族乡村的味道。故乡，每个人对它都有着深厚的感情。老家，每个人都怀着不一样的思念。远离它时，心里时时牵挂的不仅是那里的一山一水，一草一木，更是那个熟悉的房顶上飘荡的炊烟和那随风送来的味道。

FEIZHENLIJIAN

飞针利剪

KE

SHIGUANG

刻时光

● 巧手织就好嫁衣 ●

服饰是民族文化的重要载体，它既是物质文明的结晶，也具有精神文明的内涵。人们的生活习俗、审美情趣、色彩偏好以及其他种种文化心态、宗教信仰等，都积淀于服饰之中。民族服饰，特别是妇女的民族服饰，是一个民族外部形象的标志和识别民族的外在依据之一。民族服饰蕴含着一个民族在生息繁衍、变迁发展过程中沉积下来的丰富的历史印记、独特而执着的审美情趣、心灵深处的信仰崇拜、精湛的加工技艺等信息，是一个民族多种文化相互交融的物质载体。

服饰是一个民族的重要标志，也是民族文化的重要展示。一部民族服饰史，从某种意义上看，就是一部感性化了的民族文化发展史。一般来说，服装的款

式、材质受制于生活环境、经济发展和生活方式的影响，代表着一个民族的经济社会发展水平。

贵州毛南族先民居住在人迹罕至、气候恶劣、土地贫瘠的大山深处，受外界文化影响较少。纵观毛南族人的服饰流变的历史，毛南族人民早已把本地优越的自然条件所提供的葛麻、茅花等植物纤维作为原料，从而"织布为衣"。早在明代前，就已有男耕女织的分工。但男女装束并无多大的区别，上穿大襟短褂，下着长裤或筒裙，头缠长布帕，盘成大圆圈，脚穿布袜、麻耳草鞋。到了清代，毛南族服饰有了大的改变，首先在款式上，毛南族男子不再穿裙子，妇女穿裙子的也逐步减少。男女的上衣也有明显的区别，男人的上衣领不高，衣袖宽大，衣边镶布条。而毛南族妇女则上穿马褂、下着紫、红两截褶裙。清中叶以后，毛南族服饰除了具备遮身蔽体、防寒御暖、适应生产需要等实用功能，还成为社会角色与等级身份的标志，服饰的样式、刺绣图案、花纹包含了更多的民族文化内容。由头帕、上衣、围腰、裤子、鞋子、配饰挂件组成的毛南族女装具有鲜明的民族特色。毛南族服饰正是在这种大背景下发生了质的飞跃。

惠水毛南族妇女服饰

毛南族服饰以自织自染的土布、花椒布为原材料，以蓝、青为主色，素雅、美观、大方，集纺织、印染、挑花、刺绣等手工艺术于一体。服饰的每一部件都是出自毛南族妇女灵巧的双手，因而缝制服饰常常作为衡量一个毛南族妇女是否聪慧能干的标准。

过去，男人留长发扎成短辫，盘于头顶，用约0.3米宽、3米多长的青色花椒布帕包裹头部，帕端耍须垂挂于左耳方，俗称为"大套头"。身穿无领右开襟土布长衫，长衫上钉有7～9颗的布纽扣，长衫颜色多为蓝（藏青）色，裤子多藏青、深蓝二色，衣袖裤管皆宽大。腰间捆扎蓝色布带或绸布腰带，布带宽20厘米，长160～180厘米。捆扎腰间必须留出三五寸长的耍须挂于左侧。鞋子用一块圆形绣花布作鞋尖，再用两块长型青布接成鞋帮，与鞋底缝合后，又在鞋尖钉上一束彩色耍须，称为"三块元宝"鞋。近半个世纪以来，男性服饰在原来基础之上略有变化，易长衫为短衫，易右开襟为对襟，易宽袖为窄袖。

但目前一些中老年人仍习惯着长衫，尤其在节庆和走亲访友的日子一般都要穿长衫。毛南族青年男性着短衫，主要是方便在田间地头劳作。

　　根据清康熙《贵州通志》所载的毛南族捕鱼图和《定番州志》记载，清代毛南族妇女上穿马褂，下着紫、红两截褶裙。清中叶以后，由头帕、上衣、围腰、裤子、鞋子、配饰挂件组成的毛南族女装具有鲜明的民族特色。她们易裙为裤，改穿蓝衣青裤，布料都是自纺、自织、自染的土布。衣裤均为毛南族妇女手工精心缝制而成。头部装饰与身体的其他部位的装饰相比较，装饰性最强，它代表着一个民族鲜明的个性特征。贵州毛南族女装的头帕为盘盘帕，头帕多为白色或粉红色，贵州毛南族认为白色代表着纯洁与神圣，同时也代表着朴素。上装是窄领、宽胸、右开襟、钉布纽扣，肩部用三寸青布盘肩镶花边，衣脚盖过臀部，衣袖袖口大到 30 厘米，袖口包括领口、衣边、衣脚等处都用五寸青布镶成三褶大滚边，滚边内侧又镶彩色大栏杆和小花边，边幅前后呈弧形状，具有流动感。胸前挂青布作底绸缎作心的围腰（9 厘米宽的青布盘边），围腰口上封粘精心刺绣的象征吉祥、富贵寓意的梯形胸花。腰束青布绣花围腰，围腰带宽 6 厘米，用绸缎缝制并绣有各种美丽图案，打活结于身后，使其垂吊 30 多厘米。人走动时，腰带飘舞，十分潇洒。裤子一般用青布缝制，裤脚 24 厘米，裤脚用 6 厘米宽青布盘脚，裤脚也有用青布镶滚成花边。裤腰用 18 厘米宽的白布接腰，扎以布带，有些还绣有纹饰花边。脚穿夹尖绣花鞋。年轻女子留长发，扎独辫；已婚妇女将发挽于脑后，称"绾梗交"，插银簪、铜簪或玉簪，头搭青布帕，称"搭腰罗帕"。如今，中青年妇女已改穿便服，装饰简化，只有老年妇女才穿传统服装。

毛南族妇女服饰

毛南族少女

平塘毛南族妇女服饰

　　毛南族童帽、童鞋在制作上广泛采用贴绣工艺，灵巧的毛南族妇女集挑、扎、绣、贴、缝、扣、锁、染等多种传统技法于一体，题材与构图丰富多彩，质地多种多样，做工考究。童帽种类繁多，造型栩栩如生，而且装饰技艺多样，饰纹精美，寓意深远。童帽选用五颜六色的布料缝制而成，运用夸张手法仿动物头部造型缝制，如虎头帽、狮头帽、猫头帽、兔头帽等。童帽前额部分用银罗汉、玉罗汉和各种银花玉扣点缀装饰，后面吊有彩色耍须和几个银制的小铃铛，做工精细，造型生动，色彩鲜艳，具有鲜明的民俗文化特征。童鞋多以动物为造型，有鼠、虎、牛、马、狗、猫等，与儿童天真可爱、喜欢小动物的爱好融为一体，煞是逗人喜爱。其中比较有代表性的是"十二生肖鞋"，把属相运用到童鞋上来，更具民间情趣。

　　色彩是服饰的灵魂，亦是组成服饰美的重要元素。色彩从来都是人们构成形式美的强有力的手段，它在服饰文化中占有举足轻重的地位。服饰的不同色彩具有不同的性质，所表达的美学功能和影响不尽相同。

　　贵州毛南族服饰色彩整体较为素雅单纯，一般忌用红色和黄色，特别禁忌大红、大黄等明艳色彩，而偏爱青、蓝、黑、白几种颜色。

毛南族少女

素雅、大方、朴实是贵州毛南族妇女基本的色彩观，也是审美观。对这些服饰色彩的喜好崇尚，充分地反映了贵州毛南族以稻作农耕生活为主的生产方式与生活情趣。同时也体现了毛南族人庄重、含蓄与稳沉的民族性格。例如，贵州毛南族男子身穿的服饰为青色或蓝色，无纹样图案装饰，样式简单，显然与贵州毛南族男子性格豪爽、奔放、朴实有关。妇女服饰则是在青、蓝底色上，配以色彩斑斓的花纹装饰，主要有红、黄、绿、白等颜色，既庄重大方，又新颖别致。这反映了贵州毛南族妇女纯朴、善良、温情和热烈的民族性格。

毛南族女子

　　贵州毛南族的服饰文化是毛南族人长期辛勤耕耘创造的财富，是人们情感和智慧的结晶，它与毛南族民间的宗教信仰、社会习俗、道德观念、价值取向、审美意识等密切相连，是民族文化、区域文化和时代文化的重要组成部分。服饰文化是一种既凝聚了深刻的历史内涵，体现出古代文化传统，又蕴含了现代人们精神风貌的文化形态。透过服饰文化可以窥见一个民族、一个区域、一个时代人们的性格、精神和风尚。

毛南族老年妇女衣饰

● 刺绣剪纸含深义 ●

剪纸

手工土布

织布的老人

　　毛南族世世代代生活在大山之中，祖祖辈辈与山与水为伴，依山靠水生活，把自己作为山水的一部分，与自然融为一体。正因为如此，他们创造出来的民族文化才如此灿烂，如此绚丽多彩。

　　你瞧，他们身上穿的衣服，脚下穿的鞋和袜垫，背上背的背带，上面的刺绣图案，都是一幅幅人与自然的和谐画面。

　　毛南族妇女自幼就学会挑花刺绣的技术。她们的绣品多数是围绕自己的日常生活必需品而制作。无论是背带、童帽、围腰口、枕头，还是被面、床单、鞋帮、围腰带，都是她们展示自己技艺的方式。一件件精美的绣品，是她们智慧的结晶，也是她们对美好生活的向往与追求。

　　卡蒲毛南族乡河中村者街组的刺绣品种繁多，图案丰富，有童鞋、鞋垫、鞋帮、围腰口、围腰带等。童鞋以动物图案为主，有鼠、虎、牛、马、狗、猫等，设计精巧，做工考究。其中有一双鼠头童鞋，鞋尖设计为鼠头形状，鞋帮前头设计为粗壮、分叉鼠须，鼠须之上绣有大而圆的鼠眼。造型夸张，完全摒弃"小胡须"、"小鼠眼"的传统。此童鞋"鼠头"为粉红色，"鼠鼻"为黑色，"鼠身"为绿色，"鼠目"为金黄色，色彩搭配和谐。围腰口、背带、鞋垫等绣品则以花鸟草虫图案为主。手法多样，图案变化多样。有的精细而规整，清新而雅气；有的线条流畅，华丽而不俗；有的画面古朴，饱满而充实。每一幅绣品就是一首优美的诗，就是一首凝固的歌，就是一幅美丽的画。仔细阅读，作者对美好生活追求和向往的情感便跃入眼帘，令人慨叹不已。

毛南族老人做刺绣活儿

者街组除许多老人是刺绣高手外，许多年轻媳妇，亦是能手。她们自幼学习刺绣技能，互相切磋技艺。其绣品的纹样、色彩、针法，既继承传统，又不拘泥于传统。图案题材广泛，有稼穑狩猎、草木花虫，有鸡猫犬兔、鱼龙凤鸟。在表现形式上，动植物多数融为一体，构思巧妙；在结构上，或对称，或粗细，或疏密，或

龙形纹

绣品上的打猴鼓舞图案

虚实。加上丝线颜色的合理搭配，使得绣品瑰丽夺目，富有诗情画意，独具毛南族特色。

在卡蒲毛南族风情园存列室，有一只大绣花鞋。这只大绣花鞋长3.22米，宽1.25米，高0.9米，鞋底用40层土布和10千克的米浆粘连而成，重约100千克。这是由卡蒲25名毛南族刺绣能手花15天时间制作而成的，其中绣花就花了192个小时。此花鞋用去布料300米，绣花丝线1千克。其形状如一艘船，需要4至6人才能抬走，鞋内可以同时睡下3个成年人，真是一只别具一格的绣花鞋。

此鞋是按照毛南族特有的翘尖民族鞋身造型设计，以普通鞋所用的基本材料制作，其技术难点主要为图案的布局、刺绣加工和整体装饰等部分。鞋身所绣图案内容丰富，有腾飞的火龙，有吉祥的凤凰，有打猴鼓舞、跳板凳舞、放水灯等欢乐场景。栩栩如生的火龙，形神兼备的人物，缓缓流动的溪流，熊熊燃烧的火把，无不动人心魄。人物造型生动，精神面貌准确凸显。画面整体与局部融为一体，且富于变化，使画面生机盎然，具有较强的立体感。仔细欣赏，仿佛置身于迷人的毛南族风情里，如喝了浓香的毛南醇，回味悠长。

这只"毛南风情绣花鞋"曾在2006年8月8日黔南布依族苗族自治州建州50周年庆祝大会上展示，吸引了万人目光。在当年7月19日都匀举行的多彩贵州旅游商品"两赛一会"黔南赛场上，也得到评委和观众的一致好评。

巨大的毛南族风情绣花鞋

凤凰绣样

切磋刺绣技艺

　　剪纸也是毛南族民间工艺的代表之一。

　　毛南族民间剪纸内容丰富，形式多样，其作者大多都是农家妇女。她们仅凭一把剪刀、一张纸就能创作出背带、围腰口、枕头、鞋头等的装饰图案，栩栩如生，惹人喜爱。

　　剪纸艺人们以花草树木、鸟兽虫鱼为主要表现对象，借物抒情，抒发对美好生活的追求和向往；以动植物的民间寓言为题材，将理想、爱情、祝福等内容表现在作品中，淳朴感人，含义隽永，充分体现了她们朴实的思想情感和朴素的审美意识。毛南族老艺人石如莲的剪纸作品《小猫钓鱼》、《小猫捕老鼠》、《守山英雄》、《冻僵的蛇》、《牛的传说》等富有特色。这些作品多取材于民间寓言故事，并经过大胆的想象、严密的构思，采用变形夸张的手法，使整个画面生动活泼，具有一定的故事情节，达到了作者思想感情与表现内容的有机统一，使作品在当地群众中起到了较好的教育作用。此外，技法上注重刀法，做到干脆利落，不拖泥带水，一气呵成。在刻画花瓣、雀鸟羽毛方面，特别强调"意到刀到"或"意到刀不到"，能够准确地表现物象的虚实变化，增强了物象的立体感和整个画面的生动性。

毛南族绣品

贴绣生肖童鞋

一起飞针走线

毛南族竹编工艺洋溢着浓郁的乡土气息，展现出了独特的魅力。毛南族的竹编工艺主要体现在日常生产劳动的器具方面，编织竹器不仅可以丰富村民的精神生活，也是农闲时活跃和调剂村民生活的好方式，而且还能拓展市场，为毛南族人多开辟一条致富之路。

平塘卡蒲毛南族乡的竹子坚实而富有弹性、韧性，劈裂性能好，很适宜劈篾编织。其竹节平而疏，纤维坚韧，是优质劈篾用竹种。竹子经锯切、卷节、剖竹、开间、劈篾、刮篾、劈丝、抽丝及浑丝等多道工序后制成各种竹丝篾片。竹编就是竹丝篾片的挑压交织，一般称被挑压的篾为"经"，而编入的篾称为"纬"，由经与纬的挑压可编织出千姿百态的竹制工艺品。竹编艺人们通过对竹丝篾片的挑、压、弹、插、绕、穿、贴等技法，创造出独具特色的竹编用具，常见的有十字编、人字编、圆面编、装饰编及弹插编等。一般以体现竹材本身的质地为主，竹编工艺品呈现出淡雅清新、庄重大方等艺术特色。有采摘猪菜用的竹提篮；有捕鱼用的溪笼（又称须笼）；装鱼用的腰箩；有装油用的油篓，此油篓内壁敷有桐油防漏；有制作精致的竹饭盒和竹饭篮，还有竹凳、竹斗笠、竹椅等。每件竹编用具均体现了毛南族人民的聪明智慧和对生活的热爱。

毛南族刺绣、剪纸和竹编，是风格独特的艺术珍品，也是毛南族人与自然和谐交融的最好见证，具有无穷魅力。

● 千针万线总是情 ●

毛南族居住的地方山清水秀、风光旖旎。毛南族人在用双手创造物质财富的同时，也创造了灿烂的民族文化，手工制品鞋垫便是毛南族民族文化产品之一。

鞋垫又叫袜垫，是毛南族姑娘人人必学必做的一门手工。在毛南族家族中，人们往往会以鞋垫的针线粗细灵活与否，来判断姑娘是否聪明，是否心灵手巧，是否贤惠等，因而姑娘绣制鞋垫时，均认认真真，一丝不苟，以求充分展现自己的才智。

鞋垫的制作很简单，先用纸剪好鞋样，按照鞋样裁好布料（一般七八层），用糨糊一层一层粘贴、熨平，一般用蓝、红、青等布为底，在正面用铅笔画上图案，用白线或彩色丝线绣制，每一针一线都融入纳鞋垫者的深情。

鞋垫上的图案很多，有花草鸟兽，有"满天星"。现在多数人都喜欢绣字，如"寿"、"卍"、"囍"等字样，也有句子，如"爱情之花"、"白头偕老"、"青春常在"、"携手结友情，

树下刺绣

童帽

田间织布

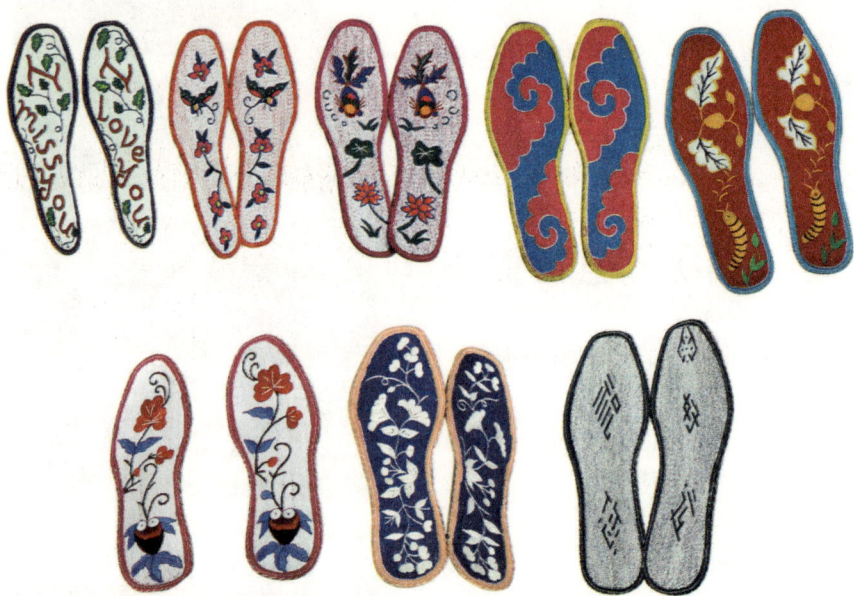

鞋垫

团结共四化"、"情意万里"等。

　　毛南族少女十二三岁就在母亲或姐姐的指导下开始纳鞋垫，到了十七八岁，已是纳鞋垫高手。许多姑娘会将鞋垫积攒下来，一旦遇上情投意合的心上人，就以鞋垫相赠，作为爱情信物，以表达自己的感情。一般送带有一定寓意图案的鞋垫。例如，"囍"，表示双喜即将临门；"鱼水情"，表达男女双方的爱情如鱼得水。鞋垫上图案内容多是花草虫鱼、"寿"、"卍"等。"寿"有长寿之意，"卍"有吉祥如意之意。有时直接送绣有情意绵绵字样的鞋垫。另外走亲访友、朋友相会或拜见长辈等都要送鞋垫，是传递友谊、交流感情的馈赠佳品。

　　毛南族鞋垫针脚细密，设计精美，图案自然古朴、美观大方、吉祥喜庆，经久耐用。既是穿着柔软舒适的手工制品，又是具有很好的收藏价值和观赏价值的艺术品。如今，鞋垫已被平塘人当成旅游产品进行开发，并带来一定的经济效益。

● 古老建筑凝时光 ●

　　经济发展，社会进步，在农村最鲜明的体现是住房的变化。改革开放使偏远的毛南族村寨也建起了新式的房子。在毛南族聚居区，一些具有民族特色的古老建筑正焕发出新的活力，现代化的高速发展将毛南族村寨与外界的沟通紧密起来，一些年轻人也建起了宽敞明亮的楼房。但挂满烟尘的老房子依然在风雨中挺立，斑驳的荆壁上涂满岁月的记忆，成为毛南族山寨留存的历史印记。

　　毛南族的古老民居凝聚着毛南族人的智慧和独特的文化个性。贵州毛南族以石、刘二姓为主，多聚族而居。他们在村寨的选择和布局上有自己的特点，一般在平坝水源较好或者依山傍水的坡地建房定居，村寨大小不一，房屋建筑也没有严格的规划，分布比较自由，整体布局顺应地势和自然环境，或在平地横向并联排开，或依斜坡纵向梯次修筑，或在凹地和山谷两侧遥相呼应。毛南族多相信风水，也讲究与自然相和谐，与环境相适应，特别注意居住地的生态保护，凡毛南族村寨一般都有护寨林、保寨树，家家户户房前屋后栽种果树，村口或者村中显要位置都供奉有土地菩萨，对土地和自然的敬畏使毛南族人在民居建筑过程中非常注意顺应自然。

　　毛南族民居的发展也和其他民族一样经历了漫长的发展过程。据史籍和地方志记载，明朝以前还"以岩穴为居"，明代以后逐渐改住"落地棚"。清代以后，出现了竖柱木架为主体结构的茅草屋。后来有木架青瓦房，建房子时开始使用石头垒屋基。整栋木架子全由木匠凿榫眼，用木枋穿柱构连，搭建成架。房屋外壁根据当地条件，或夯筑土墙，或以荆条、竹条横编之后敷以黄泥，也有以木板围房成壁或者以石头砌墙作壁的。总的看来，毛南族民居多就地取材，风格朴实，造型美观，功能完备，经济实用，体现毛南族人的智慧和适应自然的能力，独具毛南族民居的建筑特色。

　　房屋宽为 12 米左右，进深约为 8 米，高 6 米余。人字屋顶。大门前留有约 1.5 米宽的吞口，相当于都市楼房的门厅，平时可以在此休息。一般进屋必经吞口到火塘，火塘常年生火，上面架有铁质"三脚"，方便坐锅煮饭、烧茶，那是就餐和接待宾客的主要场所。睡房主要是家长的卧室，外人不得入内，是住房中最隐秘的空间。堂屋空间很高，

保存完好的毛南族民居

惠水毛南族民居

惠水毛南族民居

上面不覆楼板,这里主要供奉祖先,是神圣之地,是举行各种仪式的主要场所。毛南族人把厨房叫灶房,很讲究灶门的方位,不准正对东方,说东方是日出的方向,火对火容易"被掳(音lù)",即容易引起火灾。厨房和神龛背后有门相通,神龛背后可做储藏室兼作卧室,让子女居住。如果子女多的人家可以住楼上。

毛南族人非常重视牛,所以毛南族人的牛圈设在正屋里,但一般要挖下去1～2米深,使牛圈和厨房形成一个落差。而且毛南族还在牛圈里养猪,猪和牛关在一起。一般人家都把圈设在东南方,有"圈在东南方,喂猪不用糠"的说法。有的人家在圈上方铺设楼板,称作矮楼,设睡房,让长大了的孩子居住。有的人家在圈上方放置圆枕木,平时堆放农具或者柴草之类的杂物。如果另外修圈的人家,则把本应做圈的正屋改为客房。

有的人家把神龛背后的楼上一层做粮仓,并根据房屋地基的宽窄,在与楼上一层等高的侧面搭建偏厦或者修建晒台,方便晾晒谷物,而地面一层则可以建成猪圈、柴房、灶房等。经济条件好的家庭还要修建厢房,起门楼,围成院子。但所修房屋的高度都不能超过正房。毛南族人的厕所与正房分开,在房前屋后适当的位置单独修建。毛南族男子结婚后必须建房子自己居住（多数是父母修好房子后，把孩子分出去另居），弟兄不可同居一室，这叫"树大分权，崽大分家"。

在毛南族的建筑装饰上，有非常精巧的木雕和石刻艺术，多用于房屋建筑和家具的装饰上。一些比较富有的人为了装潢门面，显示其荣华富贵，屋基所用石料，都通过精细加工，石梯及两侧的栏杆石也全用精工刻成白果形、万字格、寿字形、一炷香等不同花纹的麻条石，砌成整洁美观的屋基。石梯两侧的栏杆石上，还刻着花草龙凤、野鹿含花、孔雀、贵人等图案。在屋檐下每排柱头加上一个吊脚瓜，雕有美丽的图案，窗户的窗页上也雕有美丽的龙凤花草之类。家用的水缸和庭院中的鱼缸，常用极美观的石刻加以装饰，火塘边的春凳，神龛脚的供桌，作为嫁妆的脸架、衣柜等，也雕有各种奇花异草、飞禽走兽。毛南族的雕刻，有很高的艺术水平，所雕的各种图案，填上红、黄、蓝等色油漆，各种飞禽走兽，栩栩如生，花草虫鱼，形象逼真。这些廊柱、门窗、屋檐、家具上漂亮的木雕装饰和屋基、石梯、石缸上的石刻为民居建筑增色不少。

我国南方少数民族民居多为"干栏"式结构。毛南族却有自己独特的建筑风格，以地面住居方式为主。与其他民族一样，毛南族的祖先初期也是利用自然的洞穴或树洞作为防御猛兽和抵挡酷暑严寒的避难所。后来，随着定居生活的开始，就需要一处能够适应这种长时间驻留一地的生活方式的场所，于是建造了临时住居，这就是最初人工建造的住居方式———巢居和穴居。夏季，为防止潮湿，为防御猛兽毒虫侵害和袭击，也学会像鸟一样筑巢于树上。他们在大树的树杈上架以枝条，上铺树叶、茅草等物，营建成鸟巢状或类似鸟巢状的休息之所。到了冬季，由于气候寒冷、潮湿、风大，人们无法在巢里生活，为了抗御冬季的严寒，他们形成了"穴居"、"半穴居"或者"棚居"的居住习惯。毛南族先民在认识自然和改造自然过程中，提高了自己

毛南族民居

的生活能力，如利用火塘长期生火取暖、除湿并形成一年四季吃火锅的习惯等，使毛南族先民的居住方式上了一个新的台阶。他们摆脱了过去穴居的居住方式，开始在地上建造固定的居住场所，由"落地棚"逐渐形成以木架为主体结构的毛南族传统民居。定居于平塘、惠水、独山的毛南族，适应当地的地理特点、气候条件和农耕文化的需要，多选择背风、依山、临水、靠近耕地的地方建屋定居，于是固定的地面住居方式传承了下来。现在毛南族地区留存的年代稍微久远一点的房屋都是地面住居方式。这种地面居室虽吸收了汉式住房的一些建筑材料、建筑形式和构造方法，但从结构上看，主要应是穴居屋和半穴居屋升迁到地面的表现形式，是毛南族人改进和发展的结果。

毛南族建造房屋非常讲究风水和择吉。建房前基址的选择、地基的方位、朝向、地势都要请风水先生认真选定，还要择定吉日吉时请石匠动土奠基，吉日吉时请木匠砍树发墨，砍中柱、梁柱、立房、上梁、钉大门等都有许多讲究。毛南族的建房材料多是就地取材，房屋的立柱、大梁、瓜、椽、檩、楼枕、楼板、壁板均用木材，多为当地最常见的松树，但必须以杉木为梁，以柏木为大门。屋顶用青瓦覆盖。过去经济落后、交通不便的地区多数建泥坯草房，木板房。现在随着经济的发展，多数地方都建青砖瓦房和夹用石料的木石结构房屋，有的地方还建起了砖混平房、楼房。

毛南族民居的构造和装饰方式非常简洁朴素，以牢实耐用，经济美观为主。装饰的重点是神龛，那是供奉祖宗和举行重大活动的场所，再没有能力的人家建房都要先考虑堂屋神龛的装饰效果，把本家的姓氏牌匾放在正中，设立祖宗灵位，请专人书写对联和吉利之语张贴或者镶嵌悬挂在神龛两侧。许多人家要打制"八仙桌"或祭台以方便摆放供品。另外需要装修和装饰的还有门窗，大门上一般悬挂连蒂水牛角和一面镜子，制七把木剑用稻草绳连接横挂在牛角下方，用以避邪。年轻夫妇居住的房屋还要请村里德高望重的老人将一个老式的双罐相连的盐辣罐挂在镜子的上方，祝愿这对夫妇婚姻美满、子孙发达、富贵双全、和谐幸福。住房如果设有院落，那么进院设门很讲究，要求堂屋正门不能看见进院大门，其寓意为"要想富，门前必有弯弯路"。实际上是防风、防盗的需要。

传统毛南族民居有简易、经济、实用等特点，虽单家独户，但却连片聚居，与自然环境相和谐，具有明显的地域特征。具体表现为：因地取材，土木结构，建筑材料随处可取；经济实用，利于生产生活。房檐、堂屋上方都可以顺梁悬空横放圆枕木，秋收之后，将半干的苞谷或者辣椒编成串悬吊在圆木上，让其自行风干，还可以起到防鼠害和防腐防虫的作用。刚收回家的稻谷可以直接倒在楼上，因为楼板是木板，稻谷不至于受潮。

毛南族民居是一种具有明显地域性特征的乡村景观，是毛南族人适应地域气候、自然环境的物质形态的表露，它使我们能够更为透彻地、更深层次地了解毛南族的民俗文化内涵，更好地为毛南族地区的经济社会发展把脉和定位，也才能更有针对性地为毛南族地区科学发展设计路径。

随着经济发展和社会进步，传统民居的保护和传统文化的传承面临着巨大压力。传统民居是珍贵的文化遗产和优秀的建筑艺术，也是弥足珍贵的旅游资源。如何在保护的前提下传承和发展这些珍贵的遗产与文化，还需要更多的学者去研究和探索，提出更多的措施与手段，从而在保护遗产的同时促进社会文明进步和可持续发展。

木雕窗花

毛南族供桌

毛南族木房

参考书目

1. 莫家仁. 毛南族 [M]. 北京：民族出版社，1988.

2. 贵州省地方志编纂委员会. 贵州省志·民族志 [M]. 贵阳：贵州民族出版社，2002.

3. 孟学祥. 山路不到头 [M]. 贵阳：贵州人民出版社，2004.

4. 孟学祥. 山中那一个家园 [M]. 北京：中国文联出版社，2006.

5. 贵州省写作学会. 大美平塘 [M]. 北京：人民日报出版社，2008.

6. 樊敏. 贵州毛南族传统文化及其发展研究 [M]. 贵阳：贵州民族出版社，2010.

7. 李甜芬. 本色毛南 [M]. 南宁：广西民族出版社，2010.

8. 过竹. 毛南族民俗风情 [M]. 南宁：广西民族出版社，2012.

9. 雷远方. 魅力平塘 [M]. 南京：凤凰出版社，2012.

10. 邹洪涛，杨正举. 贵州毛南族 [M]. 贵阳：贵州民族出版社，2012.

11. 石佩科. 贵州毛南族民间文化集萃 [M]. 南京：凤凰出版社，2013.

后记

　　贵州山川秀美，气候宜人，资源丰富，人民勤劳，风情多彩，文化灿烂。18个世居民族，和谐相处，共建家园。《贵州世居民族文化书系》正是建立在人类学、民族学、文化学的研究成果基础上，以叙事方式为主，向世人勾勒贵州世居民族文化版图，展示贵州世居民族悠久的历史文化与和而不同的美丽生存，以全新的视角探寻各民族的文化发展轨迹，解读各民族具有鲜明特色的文化事象，诠释各民族充满神奇魅力的新形象。

　　《贵州世居民族文化书系》编委会对书系的宗旨、目标、体例和风格等进行项目论证和定位，负责确定写作大纲，并对书系的组织架构、写作要求和作者物色等进行统筹安排。

　　《火影石灵·毛南族》由贵州省民族研究院进行审读，就政治倾向性和民族、宗教问题进行认真把关。本书图片得到了贵州省摄影家协会、作者以及王先宁、艾礼、代传付、卢延庆、刘成章、岑龙武、何世银、杨炳海、杨邦贤、杨方尧、杨坤、杨琼、邹洪涛、金昌盛、罗占刚、戢刚、蒋英、雷远方及平塘县摄影家协会的大力支持（经多方搜寻，仍有部分图片未能寻到作者，作者见书后请与出版社联系）。

　　在此，对所有为书系做出贡献的人士表示衷心的感谢！因编辑水平所限，书中难免有不尽人意之处，恳请读者批评指正，以便图书再版时予以弥补。

《贵州世居民族文化书系》编委会

2014年6月